Stefanie Schäfer

Kaufmann/Kauffrau für Spedition und Logistikdienstleistung

Straßenverkehr

Modulheft Abschlussprüfung
Übungsaufgaben und erläuterte Lösungen

Bestell-Nr. 40221

u-form Verlag · Hermann Ullrich GmbH & Co. KG

Deine Meinung ist uns wichtig!

Du hast Fragen, Anregungen oder Kritik zu diesem Produkt?

Das u-form Team steht dir gerne Rede und Antwort.

Einfach eine kurze E-Mail an

feedback@u-form.de

Zusatzinfos für diese Auflage des Modulheftes findest du übrigens unter folgendem Link:

www.u-form.de/addons/40221-2025.zip

BITTE BEACHTEN:

Die **Lösungen** findest du im hinteren Teil dieses Modulheftes.

2. Auflage 2025 · ISBN 978-3-95532-406-3

© u-form Verlag | Hermann Ullrich GmbH & Co. KG
Cronenberger Straße 58 | 42651 Solingen
Telefon: 0212 22207-0 | Telefax: 0212 22207-63
Internet: www.u-form.de | E-Mail: uform@u-form.de

Inhaltsverzeichnis

Bereich **Seite**

Aufgabenteil

Bereich **Seite**

Lösungsteil

Hinweis

Achtung!

Sollte es für diese Auflage Aktualisierungen oder Änderungen geben, kannst du diese herunterladen unter:

www.u-form.de/addons/40221-2025.zip

Hier haben wir auch Infos zur Abschlussprüfung für dich zusammengestellt.

1. Aufgabe – Kombinierter Verkehr

Der LKW-Transport ist in der Fläche unverzichtbar. Sinnvolle Kombinationen ergeben sich daher insbesondere im Vor- und Nachlauf mit anderen Verkehrsmitteln.

Begründen Sie für folgende Transportbeispiele

- welche Verkehrsmittel am sinnvollsten kombiniert werden
- in welchen Ländern der Abgangs- und Empfangsort des Hauptlaufs liegen

Transportbeispiele:

a) Anlieferung von containerisierten „perishable goods“ in Atlanta zur Verstauung in einen Unterflur-Laderaum für die Weiterbeförderung nach Nairobi

b) Transport eines 20’ Containers mit dem LKW in den Duisburger Hafen für den Weitertransport nach Kehl

c) Verladung eines LKW mittels Ro/Ro-Technik für die Relation Calais-Dover

Quelle: Hafen Hamburg Marketing e. V.

2. Aufgabe – Tourenplanung

Fall 1

Situation:

Die SPEDAIX GmbH unterhält regelmäßig LKW-Sammelgutverkehre nach Süddeutschland, die mit dem eigenen Fuhrpark abgewickelt werden.

An einem Montagabend stehen folgende Partien zur Verladung an:

Partie	Zustellungsart	Sendungsgewicht in kg	Anzahl und Palettenart Stapelfaktor	PLZ	Zielort
1	Sammelgut	3 800	8 EP / SF 0	68259	Mannheim
2	Sammelgut	4 200	10 EP / SF 0	60489	Frankfurt a. M.
3	Sammelgut	2 800	6 EP / SF 0	76139	Karlsruhe
4	Direktzustellung	4 800	10 EP / SF 0	67071	Ludwigshafen
	Summe	15 600	34 EP		

Bei der Rückfahrt soll das Fahrzeug in 64295 Darmstadt folgende Partien übernehmen:

Partie	Zustellungsart	Sendungsgewicht in kg	Anzahl und Palettenart Stapelfaktor	PLZ	Zielort
1	Sammelgut	8 500	20 EP / SF 0	51109	Köln
2	Sammelgut	4 900	12 EP / SF 0	52070	Aachen
	Summe	13 400	32 EP		

Ein für den Transport geeigneter Sattelzug mit einer Nutzlast von 24 t und einer Ladefläche von 13,60 m x 2,44 m steht am Abend für die Beladung bereit. Die Tour wird vom Fahrer, Herrn Friedrichs, durchgeführt, der an diesem Abend seine Schicht beginnt. Das Fahrzeug verlässt den Speditionshof um 23:00 Uhr in Aachen.

a) Als verantwortliche/-r Disponent/-in sollen Sie die Tour planen. In welcher Reihenfolge sollen die süddeutschen Städte angefahren werden? Begründen Sie Ihre Entscheidung.

b) In welcher Reihenfolge soll das Fahrzeug beladen werden (Stauplan)?

c) Ein anderes Fahrzeug der Spedition fährt am selben Abend Richtung Norden in die Nähe von 29614 Soltau. Die Entfernung beträgt 412,5 km. Zu welcher Uhrzeit etwa erreicht das Fahrzeug den Zielort, wenn es im Durchschnitt rund 75 km/h fährt und um 22:30 Uhr in Aachen abfährt?

2. Aufgabe – Tourenplanung

Fall 2

Situation:

Als Disponent/-in der Spedition J. W. Karl e. K., 76131 Karlsruhe, sind Sie zuständig für die Planung und Durchführung von Transporten in den norddeutschen Raum. Sie erhalten am Montag, 13.11. d. J., folgende Aufträge per Fax:

FAX Auftrag Nr. 1 Eingang: 09:07 Uhr 20..-11-13	Versender: STAHLBAU AG (B-Kunde)
	Tour: 76131 Karlsruhe – 38442 Wolfsburg, 500 km
	1 Ladung Stahlschränke (55 Stück), nicht stapelbar
	Maße pro Stück: 65 cm x 65 cm x 165 cm (L x B x H)
	Gewicht pro Stück: 115 kg
	Ladedatum: 14.11. d. J., 08:00 Uhr bis 12:00 Uhr
	Entladedatum: spätestens 16.11. d. J., 12:00 Uhr
	Nettopreis: 990,00 € lt. Vereinbarung

FAX Auftrag Nr. 2 Eingang: 09:09 Uhr 20..-11-13	Versender: J. MATZINGER e. K. (B-Kunde)
	Tour: 70188 Stuttgart – 18059 Rostock, 820 km
	1 Ladung: 32 EP Werkzeuge (Zangen, Bohrer, Schraubendreher u. dgl.), nicht stapelbar
	Gewicht der Sendung: 18,6 t
	Ladedatum: 14.11. d. J., 11:00 Uhr fix
	Entladedatum: spätestens 16.11. d. J., 11:00 Uhr
	Nettopreis: 1.690,00 € lt. Vereinbarung

Am 10.11. d. J. wurde folgende Rückladung vereinbart:

Versender: INKEN GmbH (A-Kunde)
23562 Lübeck – 64293 Darmstadt, 580 km
33 EP Bücher (19,8 t), nicht stapelbar
Ladedatum: spätestens 16.11. d. J., 11:00 Uhr
Entladedatum: ab 17.11. d. J.
Vereinbarter Nettopreis: 1.060,00 €

Für den Selbsteintritt steht der Spedition J. W. Karl e. K. folgendes Fahrzeug zur Verfügung:
SZM mit 3-Achs-Auflieger, 13,6 LDM, 23 t Nutzlast, Kofferaufbau, ein Fahrer, Standort: Karlsruhe.

Alternativ (zum Selbsteintritt) sind folgende Preise von Subunternehmern bekannt:

Auftragsumfang (mit oder ohne Rückladung)		Festpreis in Euro
Karlsruhe-Wolfsburg bzw. Lübeck-Darmstadt	ohne Rückladung	900,00
	mit Rückladung	1.900,00
Stuttgart-Rostock bzw. Lübeck-Darmstadt	ohne Rückladung	1.550,00
	mit Rückladung	2.600,00

2. Aufgabe – Tourenplanung

Fall 2

Situation:

Folgende Kalkulationsdaten sind gegeben:

Fixe Selbstkosten pro Tag (Tagessatz)	Zugmaschine	165,00 €
	Sattelauflieger	65,00 €
Variabler Kilometersatz (Zugmaschine mit Sattelauflieger)		0,92 €
Maut (Euronorm V) je km		0,229 €
Mautpflichtiger Streckenanteil		95 %
Kalk. Leerkilometer/Transport (100 % mautpflichtig)		120 km
Kalk. Gewinnzuschlag		3,5 %
Geplante Transportdauer	Auftrag 1	1 Tag
	Auftrag 2	2 Tage
	Rückladung	1 Tag

a) Kalkulieren Sie die Nettofrachten (Selbstkosten + Gewinnzuschlag) für die beiden Aufträge und die Rückladung.

b) Begründen Sie, welchen Auftrag Sie unter Kostenaspekten im Selbsteintritt ausführen würden.

c) Begründen Sie, ob die Rückladung für Ihr Unternehmen unter Kosten- und akquisitorischen Gesichtspunkten interessant ist.

d) Begründen Sie, ob für Ihr Fahrzeug die Aufträge 1 und 2 zusammengefasst werden könnten.

e) Ermitteln Sie das Rohergebnis für die 3 Transporte/Aufträge unter Berücksichtigung Ihrer Einsatzentscheidung aus b).

f) Wie sähe Ihr Rohergebnis aus, wenn Sie kein eigenes Fahrzeug einsetzen könnten und Sie alle Transportleistungen beim Subunternehmer einkaufen müssten?

3. Aufgabe – Sammelgut – Straße

Situation:

Die SPEDAIX GmbH aus Aachen fertigt u. a. Sammelgut für die Relation Hannover ab. Der Empfangsspediteur ist die Max ZÖLLIG GmbH & Co. KG in 30625 Hannover, Kleestr. 309. Den Hauptlauf führt die Transportunternehmung Ludwig BECKER e. K., 52049 Eschweiler, Am Patternhof 99 a, durch. Die Einzelsendungen werden von der SPEDAIX GmbH am 10.10. d. J. vorgeholt.

Folgende Informationen müssen berücksichtigt werden:

- Es liegen Aufträge von insgesamt 7 Versendern vor, darunter der in der **Anlage 1** abgebildete **Speditionsauftrag Nr. 5667/3000401** von der ROMBACH KG, 52078 Aachen (Zentrallager in 41516 Grevenbroich).
- Das Sammelgut besteht aus 16 Euro-Flachpaletten (Normmaß) und weiteren 14 Industriepaletten (je 120 cm x 100 cm) und hat ein Gesamtgewicht von 13,9 t. Die Paletten sind nicht stapelbar.
- Die Maut wird jeweils für 95 % der Streckenabschnitte berechnet.
- Die Paletten werden getauscht.
- Sowohl die SPEDAIX GmbH als auch die Max ZÖLLIG GmbH & Co. KG legen ihren Abrechnungen die in den **Anlagen 2 – 6** abgebildeten Vereinbarungen zugrunde.
- Die Vorlaufkosten der SPEDAIX GmbH für die 7 Sendungen belaufen sich auf 388,40 €.
- Die Speditionserlöse aus 6 Aufträgen betragen für die SPEDAIX GmbH netto 1.880,55 €. Der Speditionsauftrag Nr. 5667/3000401 ist noch zu berechnen.
- Die Nachlaufkosten der Max ZÖLLIG GmbH & Co. KG setzen sich wie folgt zusammen:
  - 2 Zustellungen in Hannover insgesamt 15,30 € (Locogut),
  - 4 Anschlussfrachten insgesamt 332,00 € (Reexpeditionen),
  - Speditionsauftrag Nr. 5667/3000401 ist noch zu berechnen.

Entfernungsmatrix (Auszug)

Entfernungen in km	Aachen 52078	Hannover 30625	Grevenbroich 41516	Minden 32429
Aachen 52078	–	360	67	295
Hannover 30625	360	–	306	87
Grevenbroich 41516	67	306	–	240
Minden 32429	295	87	240	–

3. Aufgabe – Sammelgut – Straße

a) Nennen Sie die namentlich aufgeführten Vertragspartner der SPEDAIX GmbH (erste Spalte des Schemas). In welcher Eigenschaft treten diese hier auf (Spalten 3 bis 6)? Ordnen Sie diesen auch die zutreffende Vertragsart (Spalte 2) und die Rechtsgrundlage (Spalte 7) zu.

Name des Vertrags-partners Spalte 1	Vertragsart Spalte 2	Der Vertragspartner tritt auf als ... (Bitte ankreuzen!)				Rechts- bzw. Vertrags-grundlage Spalte 7
		Absender Spalte 3	Versender Spalte 4	Spediteur Spalte 5	Frachtführer Spalte 6	

b) Ermitteln Sie die Kosten für den Hauptlauf.

c) Berechnen Sie den Forderungsbetrag, den die SPEDAIX GmbH der ROMBACH KG in Rechnung stellt.

d) Welches Rohergebnis erzielt die SPEDAIX GmbH insgesamt aus dem Sammelladungsgeschäft?

e) Skizzieren Sie stichwortartig die Vorteile, die der Sammelgutverkehr für die Beteiligten mit sich bringt. Nennen Sie **je 2** Vorteile.

Anlage 1 zur 3. Aufgabe

Speditionsauftrag

1 Versender/Lieferant | 2 Lieferanten Nr. | 3 Speditionsauftrag-Nr. **5667/3000401**

ROMBACH KG
Lichtdesign
Lothringerstraße 1 a
D-52078 Aachen

4 Nr. Versender beim Versandspediteur

5 Beladestelle
Zentrallager Jägerhausstraße 444
D-41516 Grevenbroich

6 Datum 10.10.20.. | 7 Relations-Nr.

8 Sendungs-/Ladungs-Bezugs-Nr.

9 Versandspediteur | 10 Spediteur-Nr.

11 Empfänger | 12 Empfänger-Nr.
BELLALUX GmbH
Alte Ziegelei 322
D-32429 Minden

SPX
Aix-la-chapelle

SPEDAIX GmbH
Debyestraße 200
52078 Aachen

Telefon: +49 (0)241 4456679
Fax: +49 (0)241 4456680
E-Mail info@SPEDAIX.de

13 Bordero-/Ladeliste-Nr.

14 Anliefer-/Abladestelle
Alte Ziegelei 322
D-32429 Minden

15 Versendervermerke für den Versandspediteur
Zustellung 13.10.20..
Ankunftszeit avisieren!

16 Eintreff-Datum | 17 Eintreff-Zeit

18 Zeichen und Nr.	19 Anzahl	20 Packstück	21 SF	22 Inhalt	23 Lademittel-Gewicht in kg	24 Brutto-Gewicht in kg
BELLA LE 01-04	1	Euro-Pal.	1	Lampengehäuse Edelstahl		400 kg
Summe:	25 1	26 Rauminhalt cdm / Lademeter		Summen:	27	28 400 kg

29 **Gefahrgut**
UN-Nr. | Gefahrgut-Bezeichnung
Gefahrzettelmuster-Nr. | Verpackungsgruppe | Tunnelbeschränkungscode | Nettomasse kg/l
Hinweise auf Sondervorschriften

30 Frankatur	31 Warenwert für Güterversicherung	32 Versender-Nachnahme
Frei Haus		

33 Anlagen

10.10.20...
Datum, Unterschrift

*„Wir arbeiten ausschließlich auf Grundlage der Allgemeinen Deutschen Spediteurbedingungen 2017 – ADSp 2017 – **Hinweis:** Die ADSp 2017 weichen in Ziffer 23 hinsichtlich des Haftungshöchstbetrages für Güterschäden (§ 431 HGB) vom Gesetz ab, indem sie die Haftung bei multimodalen Transporten unter Einschluss einer Seebeförderung und bei unbekanntem Schadenort auf 2 SZR/kg und im Übrigen die Regelhaftung von 8,33 SZR/kg zusätzlich auf 1,25 Millionen Euro je Schadenfall sowie 2,5 Millionen Euro je Schadenereignis, mindestens aber 2 SZR/kg, beschränken."*

Anlage 2 zur 3. Aufgabe
Haustarif (Haus-Haus-Entgelte – Preistabelle Kunden)

Diese Entgelte (in EUR) finden Anwendung im innerdeutschen Spediteursammelgutverkehr zwischen Auftraggeber (Versender) und beauftragtem Spediteur. Mit ihnen sind die Leistungen normalen Umfangs von der Übernahme des Gutes beim Versender bis zur Übergabe des Gutes an den Empfänger abgegolten. Sie enthalten nicht die gesetzliche Umsatzsteuer

Entfernung in km	Gewicht in kg				
	1 – 50	51 - 100	101 - 200	201 - 300	301 - 400
001 – 100	28,90	49,30	68,20	100,00	126,80
101 – 200	31,10	54,00	79,00	120,20	150,60
201 – 300	31,70	55,40	81,40	123,00	154,00
301 – 400	31,90	56,00	82,20	125,40	158,40
401 – 500	32,10	56,70	83,60	127,80	162,00
501 – 600	33,20	57,30	85,00	130,60	166,80
601 – 700	33,80	58,00	86,40	134,00	172,00
701 – 800	34,40	58,90	88,00	138,20	177,20
ab 801	35,20	60,40	92,40	145,00	188,40
Entfernung in km	Gewicht in kg				
	401 - 500	501 - 600	601 - 700	701 - 800	801 - 900
001 – 100	149,40	176,20	206,20	242,60	250,00
101 – 200	182,00	214,00	250,00	299,00	315,60
201 – 300	187,60	219,80	260,80	310,80	324,00
301 – 400	190,20	224,00	268,20	318,40	333,40
401 – 500	194,80	230,60	272,00	329,00	345,00
501 – 600	199,00	238,00	280,80	340,40	360,20
601 – 700	210,80	247,40	290,00	355,00	375,40
701 – 800	218,00	259,20	299,80	377,40	390,80
ab 801	230,20	272,00	333,60	389,00	418,00
Entfernung in km	Gewicht in kg				
	901 - 1 000	1 001 - 1 250	1 251 - 1 500	1 501 - 2 000	2 001 - 2 500
001 – 100	274,00	300,20	326,00	333,00	340,00
101 – 200	339,60	385,00	410,20	432,80	444,40
201 – 300	352,00	399,40	438,00	449,00	468,20
301 – 400	360,80	410,00	450,80	460,40	488,00
401 – 500	370,00	421,40	460,00	472,00	496,80
501 – 600	382,20	433,80	479,80	488,20	518,00
601 – 700	400,00	450,00	502,00	522,80	544,60
701 – 800	419,20	472,20	522,60	534,20	564,80
ab 801	438,00	499,80	555,00	585,80	599,00
Entfernung in km	Gewicht in kg				
	2 501 - 3 000				
001 – 100	344,20				
101 – 200	455,80				
201 – 300	483,60				
301 – 400	498,80				
401 – 500	510,00				
501 – 600	528,80				
601 – 700	552,00				
701 – 800	580,20				
ab 801	622,00				

Anlage 3 zur 3. Aufgabe
Zusätzliche Leistungen zum Haus-Haus-Entgelt

Folgende Leistungen werden zusätzlich zum Haus-Haus-Entgelt berechnet:

a)	Gebühr für Versendernachnahmen	1,5 %, min.	12,50 €
b)	Avisgebühren	pro Sendung	4,90 €
c)	Beschaffung eines Ablieferungsnachweises		8,50 €
d)	Palettentauschgebühr für genormte Flachpaletten	je Palette	2,60 €
e)	Palettentauschgebühr für genormte Gitterboxpaletten	je Palette	10,20 €
f)	Stand- und Wartezeiten von mehr als ½ Std.	je ½ Std.	16,60 €
g)	Zuschlag für die Versendung gefährlicher Güter:		
	bis 300 kg		9,80 €
	301 – 1 000 kg		14,70 €
	über 1 000 kg		19,90 €

Anlage 4 zur 3. Aufgabe
Preisvereinbarungen mit dem Transportunternehmer im Hauptlauf

Frachtsätze in €/100 kg für Hauptlaufsendungen im Sammelgutverkehr			
Entfernung (km)	ab 5,0 t	ab 10,0 t	ab 15,0 t
000 - 100	4,60	3,07	2,46
101 - 200	5,80	3,87	3,10
201 - 300	7,00	4,67	3,74
301 - 400	8,20	5,47	4,38
401 - 500	9,40	6,27	5,02
501 - 600	10,60	7,07	5,66
601 - 700	11,80	7,87	6,30
701 - 800	13,00	8,67	6,94
ab 801	14,20	9,47	7,58

alternativ: 60,00 €/angef. LDM
Hinweis: Die (für den Absender) günstigere Fracht ist zu berechnen. Sodann wird eine Minusmarge von 25 % gewährt.

Anlage 5 zur 3. Aufgabe
Belastung mit gewichts- und kilometerabhängigen Mautkosten[1]

Mautgebühren* für Sendungen von 1 bis 3 000 kg

Gewicht** in kg	Entfernung in km										
	1 - 100	101 - 200	201 - 300	301 - 400	401 - 500	501 - 600	601 - 700	701 - 800	801 - 900	901 - 1 000	1 001 - 1 100
1 - 50	0,04	0,13	0,23	0,32	0,40	0,49	0,58	0,67	0,76	0,85	0,94
51 - 100	0,10	0,28	0,48	0,67	0,86	1,06	1,25	1,44	1,63	1,82	2,01
101 - 200	0,20	0,58	0,96	1,34	1,73	2,11	2,49	2,87	3,27	3,65	4,03
201 - 300	0,33	0,96	1,60	2,24	2,88	3,52	4,16	4,80	5,44	6,07	6,72
301 - 400	0,45	1,35	2,24	3,13	4,03	4,93	5,82	6,72	7,61	8,51	9,40
401 - 500	0,58	1,73	2,88	4,03	5,18	6,34	7,49	8,63	9,79	10,94	12,09
501 - 600	0,71	2,11	3,52	4,93	6,34	7,74	9,14	10,56	11,96	13,37	14,77
601 - 700	0,84	2,49	4,16	5,82	7,49	9,14	10,81	12,47	14,14	15,79	17,46
701 - 800	0,97	2,88	4,80	6,72	8,64	10,56	12,47	14,39	16,32	18,23	20,15
801 - 900	1,09	3,27	5,44	7,62	9,79	11,96	14,14	16,32	18,48	20,66	22,84
901 - 1 000	1,22	3,65	6,08	8,51	10,94	13,37	15,81	18,23	20,66	23,09	25,53
1 001 - 1 250	1,45	4,32	7,21	10,08	12,95	15,84	18,71	21,58	24,47	27,34	30,23
1 251 - 1 500	1,76	5,28	8,81	12,32	15,84	19,35	22,87	26,39	29,90	33,42	36,94
1 501 - 2 000	2,25	6,73	11,20	15,67	20,16	24,63	29,11	33,58	38,06	42,54	47,01
2 001 - 2 500	2,90	8,64	14,40	20,16	25,92	31,66	37,42	43,18	48,94	54,69	60,44
2 501 - 3 000	3,54	10,57	17,60	24,63	31,68	38,71	45,74	52,77	59,81	66,84	73,88

* Beträge in EUR ohne Umsatzsteuer ** frachtpflichtiges Gewicht

Mautgebühren* für Sendungen ab 3 001 kg

Gewicht** in kg	Entfernung in km										
	1 - 100	101 - 200	201 - 300	301 - 400	401 - 500	501 - 600	601 - 700	701 - 800	801 - 900	901 - 1 000	1 001 - 1 100
3 001 - 4 000	2,97	8,96	14,93	20,88	26,86	32,84	38,78	44,77	50,75	56,69	62,68
4 001 - 5 000	3,82	11,52	19,20	26,84	34,54	42,22	49,86	57,56	65,24	72,89	80,58
5 001 - 6 000	4,67	14,07	23,47	32,81	42,21	51,61	60,95	70,35	79,74	89,08	98,49
6 001 - 7 000	5,52	16,63	27,73	38,77	49,89	60,99	72,03	83,14	94,24	105,28	116,39
7 001 - 8 000	6,37	19,19	32,00	44,74	57,56	70,37	83,11	95,93	108,74	121,48	134,30
8 001 - 9 000	7,22	21,75	36,27	50,70	65,23	79,75	94,19	108,72	123,24	137,67	152,20
9 001 - 10 000	8,07	24,31	40,54	56,67	72,91	89,14	105,27	121,51	137,74	153,87	170,11
10 001 - 11 000	8,91	26,86	44,80	62,63	80,58	98,52	116,35	134,30	152,24	170,07	188,02
11 001 - 12 000	9,76	29,42	49,07	68,60	88,26	107,90	127,43	147,09	166,74	186,26	205,92
12 001 - 24 000	10,23	30,70	51,16	71,62	92,09	112,55	133,01	153,48	173,94	194,41	214,87

* Beträge in EUR ohne Umsatzsteuer ** frachtpflichtiges Gewicht

[1] Belastet das Transportunternehmen bzw. die Spedition als Steuerschuldner die Maut weiter, ist diese **Teil des Entgelts der Leistung und somit umsatzsteuerpflichtig.** In diesem Fall ist die Maut kein durchlaufender Posten.

Anlage 6 zur 3. Aufgabe
Preisvereinbarungen im Rahmen der Rückrechnung des Empfangsspediteurs

Konditionen bei Abrechnung mit dem Versandspediteur (Tarifauszüge):

Entladen und Verteilen (E u V)	€ je angefangene 100 kg
0 000 bis 5 000 kg	0,87
5 001 bis 7 500 kg	0,86
7 501 bis 10 000 kg	0,84
10 001 bis 12 500 kg	0,81
12 501 bis 15 000 kg	0,77
15 001 bis 17 500 kg	0,72
ab 17 501 kg	0,66

Kosten für die Zustellung beim Empfänger (nur Loco-Gut*)

bis	250 kg	0,00 €	bis	2 000 kg	12,60 €
bis	500 kg	6,50 €	ab	2 001 kg	15,00 €
bis	1 000 kg	8,80 €			

Anschlussfrachten (nur Reexpeditions-Gut)**

Haustarif in €	0 – 500 kg	501 – 1 000 kg	1001 – 2 000 kg	ab 2 001 kg
0 bis 30 km	45,00	55,00	70,00	90,00
31 bis 75 km	57,00	70,00	88,00	110,00
76 bis 100 km	69,00	85,00	100,00	130,00
ab 101 km	81,00	100,00	118,00	150,00

Inkassogebühren für Versendernachnahmen:

5 ‰ vom Nachnahmebetrag, mindestens jedoch 10,00 €

* Loco-Gut wird innerhalb des Ortes zugestellt, in dem sich die Empfangsspedition befindet. Es werden ausschließlich Zustellgebühren berechnet.

** Reexpeditions-Gut wird außerhalb des Ortes zugestellt, in dem sich die Empfangsspedition befindet. Es werden Anschlussfrachten abgerechnet, die bereits pauschalierte Maut- und Zustellkosten beinhalten.

4. Aufgabe – Fahrzeugtypen und alternative Antriebe

Die im Straßenverkehr eingesetzten Fahrzeuge müssen neben den Vorschriften der Straßenverkehrs-Zulassungs-Ordnung (StVZO) auch den unterschiedlichen Be- und Entladebedürfnissen genügen.

a) Nennen Sie die gemäß StVZO max. erlaubten Maße bzw. Gewichte für die Kraftfahrzeuge und Anhänger sowie Fahrzeugkombinationen und zwar hinsichtlich:

- Länge
- Breite
- Höhe
- Zulässiges Gesamtgewicht (zGG)

b) Erklären Sie die Besonderheiten folgender Fahrzeugtypen:

- Edscha-Verdeck/Edscha-Aufbau
- Curtainsider/Tautliner
- Jumbo
- Isotherm-Fahrzeug

c) Für eine Messeveranstaltung sind mehrere unförmige Exponate aus Styropor und Schaumstoff im Gesamtgewicht von 7,9 t und einem Volumen von 105 cm^3 zu verladen.

Für den Transport wird ein geeignetes Fahrzeug gesucht. Welches Fahrzeug empfehlen Sie? Begründen Sie, warum ein konventioneller Last- bzw. Sattelzug nicht infrage kommt.

d) Ein Großspediteur denkt über den Einsatz sog. „EuroCombis“ (auch Mega-Trucks genannt) nach. Das sind Lastzüge mit bis zu 60 t Gesamtgewicht und einer Länge von bis zu 25,25 m, die in Deutschland auf ausgewählten Strecken (dem sogenannten Positiv-Netz) zugelassen wurden.

Führen Sie **je 2** betriebliche bzw. verkehrspolitische Vor- und Nachteile an, die der Einsatz solcher Fahrzeuge mit sich bringen könnte.

e) Eine Sendung Textilien, die aus losen Kartons besteht, soll von Hamburg nach München in Sammelladung transportiert werden. Für die Beförderung steht ein Sattelzug zur Verfügung. Da München die erste Anlieferungsstelle ist, müssen die Kartons als Letztes verladen werden.

Folgende Angaben sind zu berücksichtigen:

- 432 Kartons: Maße je 60 cm x 40 cm x 25 cm, Gewicht je 5 kg
- Europaletten: Maße je 120 cm x 80 cm x 15 cm, Eigengewicht je 25 kg, NL (max.) je 1 000 kg
- Sattelzug: Ladefläche 13,60 m x 2,44 m, Ladehöhe (max.) 2,50 m, NL (max.) 26 t

Berechnen Sie die benötigten Lademeter (LDM) bei Vollpalettierung sowie die Nutzlastbeanspruchung des LKW. Schildern Sie, wie Sie die Kartons beförderungs- und transportsicher verladen.

f) Zur Verbesserung der Umweltverträglichkeit im Verkehrssektor sollen alternative LKW-Antriebe unterstützen. Ziel ist es, die Treibhausgasemissionen bis 2030 um 65 % zu reduzieren.

Stellen Sie **3** mögliche Alternativen zum Dieselmotorantrieb für LKW dar und beurteilen Sie diese anhand von **je 2** Vor- und Nachteilen.

5. Aufgabe – Incoterms FCA und CIP (Incoterms 2020)

Durch Vereinbarung im Kaufvertrag legen die Vertragspartner u. a. fest, wer welche Kosten und Gefahren des Transportes zu tragen bzw. bestimmte Pflichten wahrzunehmen hat.

Situation:

Sie sind als Mitarbeiter/-in in einer Düsseldorfer Spedition mit Selbsteintritt für die Exportgeschäfte Ihrer Kunden verantwortlich und sollen für die Transportfälle 1 und 2 folgende Fragen klären:

Transportfall 1

Ein Versender aus Köln übergibt Ihnen eine Sendung, die nach Poznań (Posen) zum Empfänger transportiert werden soll. Im Kaufvertrag wurde die Klausel „FCA Köln gemäß Incoterms 2020" vereinbart.

a) Wofür steht die Klausel FCA?

b) Wer ist verpflichtet, den Frachtvertrag mit Ihnen abzuschließen?

c) Wann ist die Lieferung für den Versender abgeschlossen?

d) Ab welchem Zeitpunkt hat der Käufer (Empfänger) die Gefahren und Kosten zu tragen?

e) Wer trägt die Kosten für die Ausfuhr- bzw. Einfuhrformalitäten?

Transportfall 2

Ein Industriebetrieb aus Solingen verpflichtet sich kaufvertraglich eine Maschine im Wert von 80.000,00 € nach Prag zu liefern. Im Vertrag wurde „CIP Prag gemäß Incoterms 2020" vereinbart.

a) Wofür steht die Klausel CIP?

b) Wer ist verpflichtet den Beförderungsvertrag abzuschließen?

c) Warum nennt man die CIP-Klausel „Zweipunkt-Klausel"?

d) Der Prager Käufer verlangt, dass beim Abschluss der Transportversicherung ein imaginärer Gewinn mitversichert wird und bittet um Angabe des Deckungsumfangs. Wer hat in welchem Umfang die Versicherung abzuschließen?

e) Wer trägt die Kosten für die Ausfuhr- bzw. Einfuhrformalitäten?

6. Aufgabe – Zollversandverfahren

Fall 1:

Einer Ihrer Kunden, die G & L Service GmbH, 52062 Aachen, Jülicher Str. 488, hat sich auf die Wartung und Reparatur von Stromumrichter-Anlagen im Ausland spezialisiert und beabsichtigt nun 2 Monteure nach Kapstadt zu entsenden, die vor Ort einige dieser Anlagen warten und reparieren sollen. Um diese Arbeiten entsprechend ausführen zu können, muss Spezialwerkzeug im Gesamtgewicht von 45 kg nach Kapstadt vorübergehend verbracht werden.

Für diese besondere Versandart soll das auf der nebenstehenden Seite abgebildete Formular verwendet werden.

a) Um welches Versandverfahren handelt es sich?

b) Wofür steht die Abkürzung ATA?

c) Klären Sie, ob es für den Zielort der Reparaturen gültig ist.

d) Bei wem ist das Carnet zu beantragen?

e) Begründen Sie, ob für Ihren Kunden eine Sicherheitsleistung erforderlich ist.

f) Das Carnet enthält als Einlegeblatt eine sog. „Allgemeine Liste“ (General List).
Welche Eintragungen sind hier vorzunehmen und welche Funktion hat das Carnet für diesen Teil?

Anlage zur 6. Aufgabe

ISSUING ASSOCIATION
Association émettrice
Ausgebender Verband

DIHK

INTERNATIONAL GUARANTEE CHAIN
CHAINE DE GARANTIE INTERNATIONALE
INTERNATIONALE BÜRGSCHAFTSKETTE

ICC W.C.F.

A.T.A. CARNET FOR TEMPORARY ADMISSION OF GOODS
CARNET A.T.A. POUR L'ADMISSION TEMPORAIRE DES MARCHANDISES
CARNET A.T.A. FÜR DIE VORÜBERGEHENDE EINFUHR VON WAREN

CUSTOMS CONVENTION ON THE A.T.A. CARNET FOR THE TEMPORARY ADMISSION OF GOODS / *CONVENTION DOUANIERE SUR LE CARNET A.T.A. POUR L'ADMISSION TEMPORAIRE DES MARCHANDISES* / ZOLLÜBEREINKOMMEN ÜBER DAS CARNET A.T.A. FÜR DIE VORÜBERGEHENDE EINFUHR VON WAREN

(Before completing the Carnet, please read Notes on cover page 3 / *Avant de remplir le carnet, lire la notice en page 3 de la couverture* / Bitte erst die Anleitung auf Seite 3 des Umschlagblattes lesen, dann das Carnet ausfüllen)

ATA CARNET — *CARNET ATA*

A. HOLDER AND ADDRESS / *Titulaire et adresse* / Inhaber und Anschrift

G. FOR ISSUING ASSOCIATION USE / *Réservé a l'association émettrice* / Vom ausgebenden Verband auszufüllen

FRONT COVER / *Couverture* / Vorderes Umschlagblatt

a) CARNET No.
Carnet No.
Carnet Nr. **DE**

NUMBER OF CONTINUATION SHEETS:
Nombre de feuilles supplémentaires: / Anzahl der Zusatzblätter: ________

B. REPRESENTED BY* / *Représenté par** / Vertreten durch*

b) ISSUED BY / *Delivré par* / Ausgegeben durch

C. INTENDED USE OF GOODS / *Utilisation prévue des marchandises* / Beabsichtigte Verwendung der Waren

c) VALID UNTIL / *Valable jusqu'au* / Gültig bis

year / *année* / Jahr	**month** / *mois* / Monat	**day (inclusive)** / *jour (inclus)* / Tag (einschließlich)

TO BE RETURNED TO THE ISSUING CHAMBER IMMEDIATELY AFTER USE
Das Carnet nach Verwendung umgehend zurück an die ausgebende IHK

P. THIS CARNET MAY BE USED IN THE FOLLOWING COUNTRIES / CUSTOMS TERRITORIES UNDER THE GUARANTEE OF THE ASSOCIATIONS LISTED ON PAGE FOUR OF THE COVER: / *Ce carnet est valable dans les pays / territoires douaniers ci-après, sous la garantie des associations reprises en page quatre de la couverture:* / Dieses Carnet ist in nachstehenden Ländern / Zollgebieten unter Bürgschaft der Verbände gültig, die auf Seite vier des Umschlags aufgelistet sind.

ALGERIA (DZ)
ANDORRA (AD)
AUSTRALIA (AU)
AUSTRIA (AT)
BELARUS (BY)
BELGIUM (BE)
BULGARIA (BG)
CANADA (CA)
CHILE (CL)
CHINA (CN)
IVORY COAST (CI)
CROATIA (HR)
CYPRUS (CY)
CZECH REPUBLIC (CZ)
DENMARK (DK)
ESTONIA (EE)
FINLAND (FI)
FRANCE (FR)
GERMANY (DE)
GIBRALTAR (GI)
GREECE (GR)
HONG KONG (HK)
HUNGARY (HU)
ICELAND (IS)
INDIA (IN)
IRAN (IR)
IRELAND (IE)
ISRAEL (IL)
ITALY (IT)
JAPAN (JP)
KOREA (KR)
LATVIA (LV)
LEBANON (LB)
LITHUANIA (LT)
LUXEMBOURG (LU)
MACEDONIA (MK)
MALAYSIA (MY)
MALTA (MT)
MONGOLIA (MN)
MOROCCO (MA)
MAURITIUS (MU)
NETHERLANDS (NL)
NEW ZEALAND (NZ)
NORWAY (NO)
POLAND (PL)
PORTUGAL (PT)
ROMANIA (RO)
RUSSIAN FEDERATION (RU)
SENEGAL (SN)
SERBIA (CS)
SINGAPORE (SG)
SLOVAKIA (SK)
SLOVENIA (SI)
SOUTH AFRICA (ZA)
SPAIN (ES)
SRI LANKA (LK)
SWEDEN (SE)
SWITZERLAND (CH)
THAILAND (TH)
TUNISIA (TN)
TURKEY (TR)
UNITED KINGDOM (GB)
UNITED STATES OF AMERICA (US)

THE HOLDER OF THIS CARNET AND HIS REPRESENTATIVE WILL BE HELD RESPONSIBLE FOR COMPLIANCE WITH THE LAWS AND REGULATIONS OF THE COUNTRY / CUSTOMS TERRITORY OF DEPARTURE AND THE COUNTRIES / CUSTOMS TERRITORIES OF IMPORTATION. / *A charge pour le titulaire et son représentant de se conformer aux lois et règlements du pays / territoire douanier de départ et des pays / territoires douaniers d'importation.* / Der Carnetinhaber und sein Vertreter haben die Gesetze und sonstigen Vorschriften des Ausgangslandes/Ausgangszollgebietes und der Einfuhrländer/Einfuhrzollgebiete zu beachten.

H. CERTIFICATE BY CUSTOMS AT DEPARTURE / *Attestation de la douane, au départ* / Bescheinigung der Zollbehörden bei Abgang

a) IDENTIFICATION MARKS HAVE BEEN AFFIXED AS INDICATED IN COLUMN 7 AGAINST THE FOLLOWING ITEMS NO(S) OF THE GENERAL LIST / *Apposé les marques d'identification mentionnées dans la colonne 7 en regard du (des) numéro(s) d'ordre suivant(s) de la liste générale* / Die in Spalte 7 vermerkten Nämlichkeitsmittel wurden an den in der Allgemeinen Liste unter folgende(r)(n) Nummer(n) aufgeführten Waren angebracht

b) GOODS EXAMINED* / *Vérifié les marchandises** / Die Waren wurden beschaut*

YES / *Oui* / Ja ☐ **NO** / *Non* / Nein ☐

c) REGISTERED UNDER REFERENCE NO* ________
*Enregistré sous le numéro**
Eingetragen unter Nr.*

d) ________ / ________ / ________

CUSTOMS OFFICE / *Bureau de douane* / Zollamt	**PLACE** / *Lieu* / Ort	**DATE (YEAR / MONTH / DAY)** / *Date (année / mois / jour)* / Datum (Jahr / Monat / Tag)	**SIGNATURE AND STAMP** / *Signature et timbre* / Unterschrift und Stempel

I. SIGNATURE OF AUTHORISED OFFICIAL AND STAMP OF THE ISSUING ASSOCIATION / *Signature du délégué et timbre de l'association émettrice* / Unterschrift des Beauftragten und Stempel des ausgebenden Verbandes

PLACE AND DATE OF ISSUE (year / month / day)
Lieu et date d'emission (année / mois / jour)
Ort und Ausgabedatum (Jahr / Monat / Tag)

J.

X ________ X
SIGNATURE OF HOLDER / *Signature du titulaire* / Unterschrift des Inhabers

*) If applicable / * *S'il y a lieu* / * Soweit zutreffend

WILHELM KÖHLER VERLAG
Bestell-Nr. 800

6. Aufgabe – Zollversandverfahren

Fall 2:

Ein Fahrzeug der SPEDAIX GmbH soll Büromaschinen eines Exporteurs aus 24768 Rendsburg nach St. Petersburg befördern. Der LKW soll dabei die Fährverbindungen Kiel – Göteborg sowie Stockholm – Helsinki nutzen. Das Fahrzeug wird mit folgender Tafel gekennzeichnet:

a) Welches Versandverfahren kommt zur Anwendung?

b) Welchen **3** Anforderungen muss das im TIR-Verfahren eingesetzte Fahrzeug genügen?

c) Wer stellt das Carnet aus und wer ist die deutsche Ausgabestelle?

d) Welche Länder durchfährt der LKW auf seiner Fahrt nach St. Petersburg?

e) Für die Rückfahrt kann der LKW in St. Petersburg 11 t Textilien laden, die für einen Empfänger in Hamburg bestimmt sind. Erläutern Sie, ob diese Rückladung im Rahmen des laufenden TIR-Versandverfahrens abgewickelt werden darf.

f) Ändert sich Ihr Ergebnis aus e), wenn die Rückladung statt in St. Petersburg in Helsinki aufgenommen würde? Begründen Sie Ihre Antwort.

Anlage zur 6. Aufgabe

Fall 2

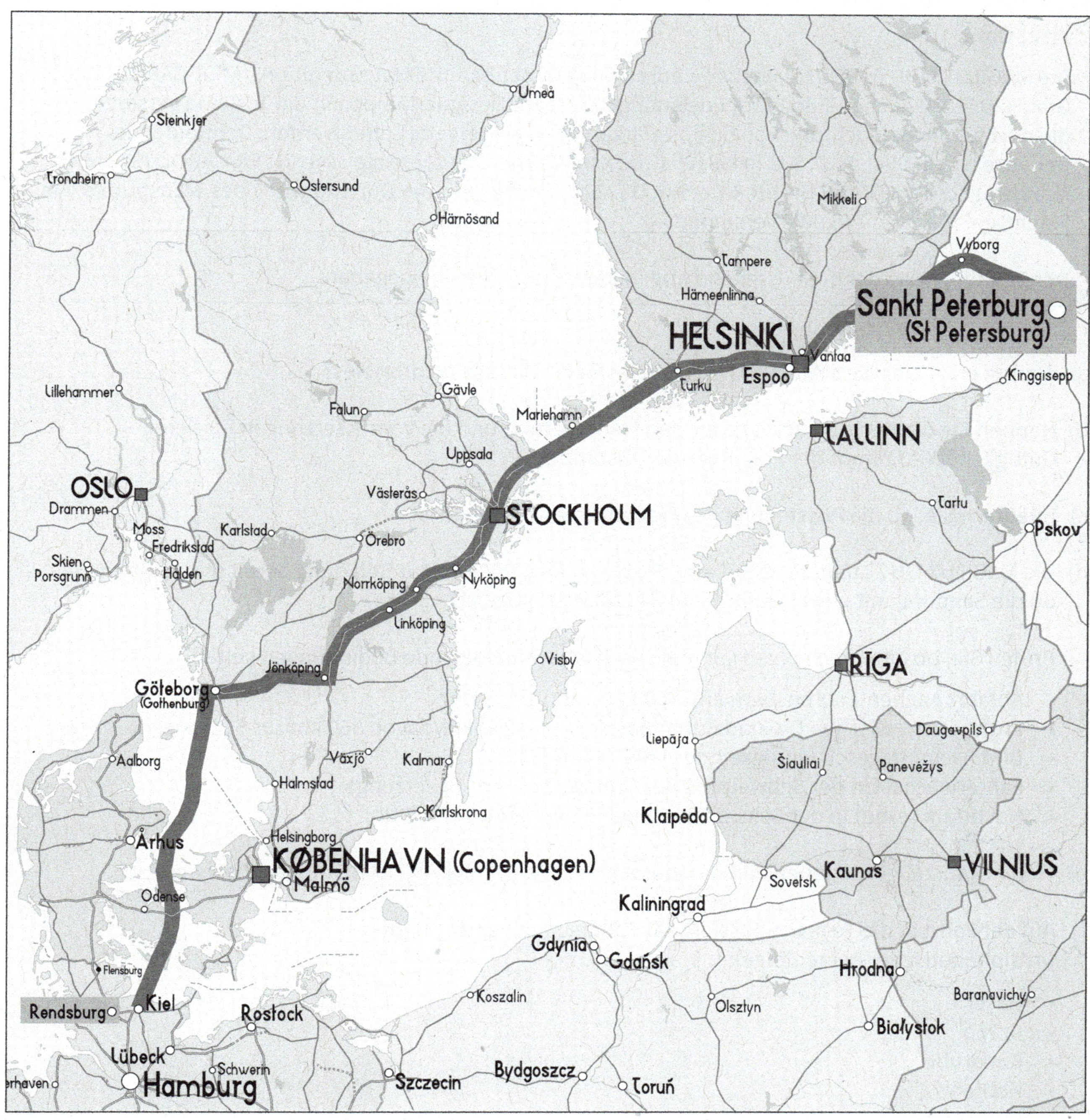

7. Aufgabe – Grenzüberschreitender Güterkraftverkehr

Die **8. und 9. Aufgabe** beziehen sich ebenfalls auf diese Ausgangssituation.

Situation:

Die MAGILUX OHG in D52074 Aachen-Laurensberg lässt über ihre Hausspedition INTER-CAROLUS GmbH, D52080 Aachen-Eilendorf, Edelstahlgehäuse für Designerlampen in die Toskana versenden, die dort für die Beleuchtung von Schlossparkanlagen weiterverarbeitet werden. Der Käufer der Gehäuse ist die BELLALUX S.L. in I58100 Grosseto (Centro Commerciale). Die INTER-CAROLUS GmbH beauftragt die AIXTRANS GmbH & Co. KG, D52224 Zweifall, mit der Durchführung des Transportes. Als Frachtpreis werden 775,00 € vereinbart.

Der Sendung wird der nebenstehend abgebildete Frachtbrief beigegeben.

a) Warum erscheint die MAGILUX OHG nicht im Feld 1 dieses Frachtbriefes?

b) Nennen Sie die Rechtsgrundlage für den Frachtvertrag und die Voraussetzungen für deren Gültigkeit. Wie kommt der Frachtvertrag zustande?

c) Erläutern Sie, ob die Ausstellung des Frachtbriefes zwingend ist.

d) Die MAGILUX OHG stellt die Güter am 29.03.20.. für 17:00 Uhr zur Beladung bereit und fragt an, ob die Sendung mit einer Laufzeit von 24 Std. zustellbar ist.

Prüfen Sie, ob eine solche Laufzeit realistisch ist, wenn folgende Bedingungen gelten:

- Abfahrt Aachen-Laurensberg am 29.03.20.. um 19:15 Uhr
- Entfernung zwischen Be- und Entladeort: ca. 1 312,50 km/davon 560 km zur Schweizer Grenze
- Durchschnittsgeschwindigkeit des LKW 70 km/h
- Fahrerwechsel in der Schweiz (an der Grenze; 2-Fahrer-Besetzung)
- Nachtfahrverbot in der Schweiz zwischen 22:00 Uhr und 5:00 Uhr

e) Welche fahrzeugbezogenen Papiere müssen dem Fahrer der AIXTRANS mitgegeben werden?

f) Auf der Fahrt in die Toskana passiert das Fahrzeug folgende Städte (in alphabetischer Reihenfolge):

- Basel
- Como
- Karlsruhe
- Koblenz
- Luzern
- Mailand
- Parma
- Pisa
- Worms

Bringen Sie diese Städte gemäß der Fahrtstrecke in die richtige Reihenfolge.

Anlage zur 7. Aufgabe

1 Absender (Name, Anschrift, Land) INTER-CAROLUS GmbH Von-Coels-Str. 777 D52080 Aachen	**INTERNATIONALER FRACHTBRIEF** Diese Beförderung unterliegt trotz einer gegenteiligen Abmachung den Bestimmungen des Übereinkommens über den Beförderungsvertrag im internationalen Straßengüterverkehr (CMR).
2 Empfänger (Name, Anschrift, Land) BELLALUX S.L. Via Poggi di Sasso Centro Commerciale I58100 Grosseto	16 Frachtführer (Name, Anschrift, Land) AIXTRANS GmbH & Co. KG Wolfsbergstr. 299 D52224 Zweifall
3 Auslieferungsort des Gutes Ort I58100 Grosseto Land Italien	17 Nachfolgende Frachtführer (Name, Anschrift, Land)
4 Ort und Tag der Übernahme des Gutes Ort D52074 Aachen Land Deutschland Datum 20. . -03-29	18 Vorbehalte und Bemerkungen der Frachtführer
5 Beigefügte Dokumente	

6 Kennzeichen und Nummern	7 Anzahl der Packstücke	8 Art der Verpackung	9 Bezeichnung des Gutes	10 Statistiknummer	11 Bruttogewicht t in kg	12 Umfang in m
	30 EP	900 Kartons	Gehäuse aus feinstem Edelstahl		13.995	

13 Anweisungen des Absenders (Zoll- und sonstige amtliche Behandlung)

14 Gefahrgut-Klassifikation		Nettomasse kg/l	
UN-Nr.		Offizielle Benennung	
Nummer Gefahrzettelmuster		Verpackungsgruppe	

15 Frachtzahlungsanweisungen	19 Besondere Vereinbarungen

20 Ausgefertigt in Aachen am 20. . -03-29	20	23 Gut empfangen Datum Am 20
21 *INTER-CAROLUS* GmbH i. A. Hausen Unterschrift und Stempel des Absenders	22 **AIXTRANS GmbH & Co. KG** Unterschrift und Stempel des Frachtführers	Unterschrift und Stempel des Empfängers

24	Amtl. Kennzeichen	Nutzlast in kg
KFZ	AC-SN 200	22.000
Anhänger		

8. Aufgabe – Funktionen des Frachtbriefes

Frau Cipriani, Geschäftsführerin der BELLALUX S.L., ist am Morgen des 30.03.20.. bei der Firma MAGILUX OHG mit dem geschäftsführenden Gesellschafter Herrn Heimann verabredet. Beide kommen auf die am Vorabend auf den Weg gebrachte Sendung zu sprechen und vereinbaren eine Kaufpreisanzahlung von 20.000,00 €, die Frau Cipriani in Form eines Verrechnungsschecks zu zahlen bereit ist, falls ihr das Absenderexemplar des CMR-Frachtbriefs ausgehändigt wird.

a) Welches Motiv hat Frau Cipriani für diese Aushändigung?

b) Nennen Sie **3** weitere Funktionen des CMR-Frachtbriefes.

9. Aufgabe – Haftung nach CMR

Auf der Fahrt in die Toskana gerät der LKW kurz hinter Follonica auf der Strada Statale 1 Aurelia in einer Kurve in einen Verkehrsstau, der sich infolge eines kurz vorher ereigneten Unfalls ergeben hat. Der LKW-Fahrer bemerkt das Stauende zu spät und fährt mit überhöhter Geschwindigkeit auf.
Es kommt zu einem Totalschaden an den vorderen 4 Paletten. Die restliche Sendung bleibt unbeschädigt, kann jedoch nicht mehr am selben Tag zugestellt werden.

Die MAGILUX OHG meldet über die INTER-CAROLUS GmbH folgende Schäden an:

Wert der Gesamtsendung (lt. Handelsrechnung)	174.937,50 €
Wert der beschädigten Gehäuse	23.325,00 €
Gewicht der beschädigten Gehäuse	1 866 kg
An BELLALUX zu zahlende Vertragsstrafe für verspätete Anlieferung:	5.000,00 €

1 SZR = 1,20 €

a) Nennen Sie die Schadensarten, die hier eingetreten sind.

b) Ein Mitarbeiter der AIXTRANS äußert sich der INTER-CAROLUS GmbH gegenüber, sich von der Haftung „freizeichnen“ zu können, da der Verkehrsstau nicht vorhersehbar gewesen sei.

   Erläutern Sie, ob die Voraussetzungen einer Freizeichnung gegeben sind.
   Gehen Sie dabei auch auf das Prinzip der CMR-Haftung ein.

c) Bestimmen Sie die Höhe der tatsächlich zu zahlenden Ersatzleistung.

d) Wodurch könnte die durch die Haftungsbegrenzung entstehende Deckungslücke vermieden werden?

10. Aufgabe – Grenzüberschreitender Güterkraftverkehr (Gefahrgut)

Am heutigen Vormittag erhalten Sie von Herrn Sabowsky, dem neuen Versandmitarbeiter Ihres langjährigen Kunden COLORLACK AG, 76139 Karlsruhe, folgende Auftragsdaten:

Ort der Verladung:	Bertha-von-Suttner-Str. 222, D-76139 Karlsruhe COLORLACK AG
Empfangsadresse:	Via XXIV Maggio 133, I-57100 Livorno, G. CARTUSO SpA
Sendungsdaten:	• 56 Fässer Verdünnung (SF 0), Gefahrgut der Klasse 3 • 40 Fässer Hydrolack (SF 0), kein Gefahrgut Durchmesser je Fass 600 mm Höhe je Fass 900 mm Gewicht je Fass 188 kg

Der COLORLACK AG, die regelmäßig Sendungen nach Italien verlädt, liegen folgende Preisofferten Ihres Hauses vor:

Italien-Transporte in die	
PLZ-Region I-2	4,95 €/100 kg
PLZ-Region I-5	5,15 €/100 kg
Abrechnungsmodus:	je LDM min. 1 500 kg

Ihre Spedition verfügt über Sattelzüge (Länge der Ladefläche 13,60 m) und Gliederzüge mit 2 Aufbauten (Länge der Ladefläche je 7,45 m).

Herr Sabowsky, der erst seit einigen Tagen bei der COLORLACK AG tätig ist, bittet Sie um Beantwortung und Begründung folgender Fragen:

a) Welches Fahrzeug gestellen Sie an der Ladeadresse?

b) Wie hoch wird die Nettofracht sein?

c) Worauf hat die COLORLACK AG hinsichtlich des Gefahrgutes zu achten (Dokumente, Deklaration im Frachtbrief)?

d) Welches Zollverfahren kommt zur Anwendung?

11. Aufgabe – Lizenzen und Genehmigungen

Folgende Güterkraftverkehre sollen von am Beladeort ansässigen Unternehmen durchgeführt werden:

Transport-Nr.	Beladeort	Städte, die gemäß Tourenplanung passiert werden	Entladeort
1	Rostock	Erfurt, München	Füssen
2	Karlsruhe	Basel, Como	Genua
3	Kiel	Göteborg, Helsinki	St. Petersburg
4	Minsk	Warschau, Berlin	Hamburg
5	Potsdam	Mukran, Klaipéda	Riga
6	Sevilla	Cadiz, Tanger	Rabat

a) Nennen Sie (falls zutreffend) für die einzelnen Transporte die Transitstaaten:

Transport-Nr.	Transitstaat(en)
1	
2	
3	
4	
5	
6	

b) Nennen Sie für die einzelnen Transporte die Staaten der Versender- und Empfängeradressen sowie deren Hauptstädte:

Transport-Nr.	Staat des Beladeortes und seine Hauptstadt	Staat des Entladeortes und seine Hauptstadt
1		
2		
3		
4		
5		
6		

11. Aufgabe – Lizenzen und Genehmigungen

c) Nennen Sie die bei den jeweiligen Transporten befahrenen EU-Staaten.

Transport-Nr.	Befahrene(r) EU-Staat(en)
1	
2	
3	
4	
5	
6	

d) Welche Lizenzen bzw. Genehmigungen sind für die einzelnen Transporte erforderlich?

Transport-Nr.	Lizenz bzw. Genehmigung
1	
2	
3	
4	
5	
6	

e) Unterscheiden Sie EU-Lizenz und CEMT-Genehmigung hinsichtlich:

- des Geltungsbereiches
- der ausstellenden Behörde
- der Geltungsdauer
- der Wiedererteilung
- des Kabotagerechts

12. Aufgabe – Alpentransit

Eine Besonderheit des grenzüberschreitenden Straßengüterverkehrs stellt der Alpentransit dar. Passstraßen und Tunnel sorgen für eine Verbindung zwischen den Alpenanrainerstaaten.

a) Nennen Sie die Nachbarstaaten der Alpenländer Schweiz und Österreich.

b) Folgende Karte zeigt die von 1 bis 14 durchnummerierten Pässe bzw. Tunnel zur Durchquerung des Alpenraumes.

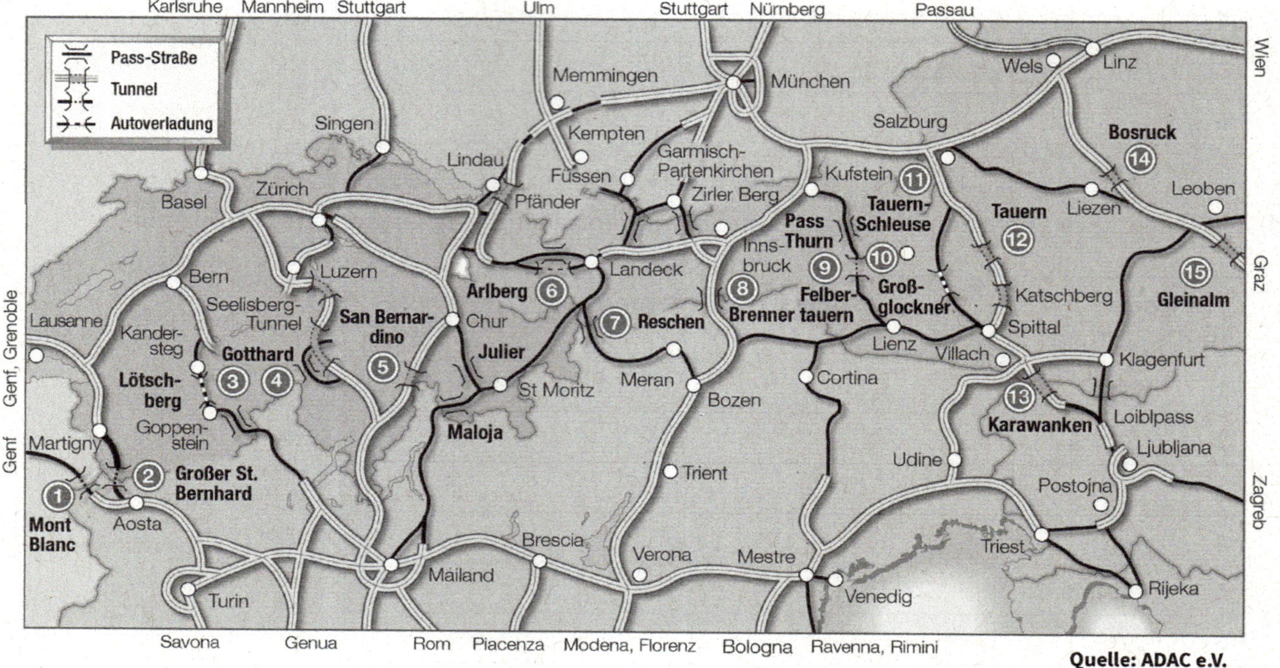

Quelle: ADAC e.V.

ba) Welche dieser nummerierten Pässe bzw. Tunnel gehören (gänzlich bzw. teilweise) zum Hoheitsgebiet der Schweiz?

bb) Welcher der Pässe bzw. Tunnel führt zur slowenischen Hauptstadt?

bc) Ein LKW-Transport soll von Konstanz nach Meran durchgeführt werden.
Welche der nummerierten Pässe bzw. Tunnel werden auf dem kürzesten Weg passiert?

Lösungsteil

Notizen

Lösung zur 1. Aufgabe – Kombinierter Verkehr

a) Perishable goods sind leicht verderbliche Güter, die hier im Unterflur-Laderaum eines Flugzeuges verstaut im Hauptlauf befördert werden. Der LKW befördert den Container vom Absender zum Terminal des Abgangsflughafens. Hierbei handelt es sich um den kombinierten Verkehr **„Straße/Luft"**.

Atlanta liegt in den USA (Bundesstaat Georgia).

Nairobi ist die Hauptstadt von Kenia.

b) Der Transport in den Duisburger Hafen kann als Vorlauf für die Weiterbeförderung mit dem Binnenschiff angesehen werden. Die kombinierte Verkehrsform hier ist **„Straße/Binnenschiff"**.

Duisburg und Kehl sind am Rhein liegende deutsche Städte.

c) Hierbei handelt es sich um die Kombination **„Straße/Seeschiff"**. Der LKW fährt auf das Fährschiff auf und verlässt es ebenso im Bestimmungshafen (Roll-on/Roll-off-Technik).

Calais liegt im Norden Frankreichs.
Dover ist ein Fährhafen an der südenglischen Küste.

Quelle: Schenker AG

Lösung zur 2. Aufgabe – Tourenplanung

Fall 1

a) Reihenfolge der anzufahrenden Zielorte:

Die Empfangsspeditionen sind bei der Tour zuerst anzufahren, da sie „rund um die Uhr" (Nachtfenster) die Sendungen in Empfang nehmen, die dann früh am Morgen in der Fläche verteilt werden können. Die Geschäftszeiten des Kunden, der die Direktzustellung erhält, liegen mit Sicherheit nicht in den Nachtstunden. Hier kann von einer Empfangsbereitschaft frühestens ab 7:00 Uhr ausgegangen werden.

Routenplan:

Aachen – Frankfurt a. M. – Mannheim – Karlsruhe – Ludwigshafen – Darmstadt – Köln – Aachen

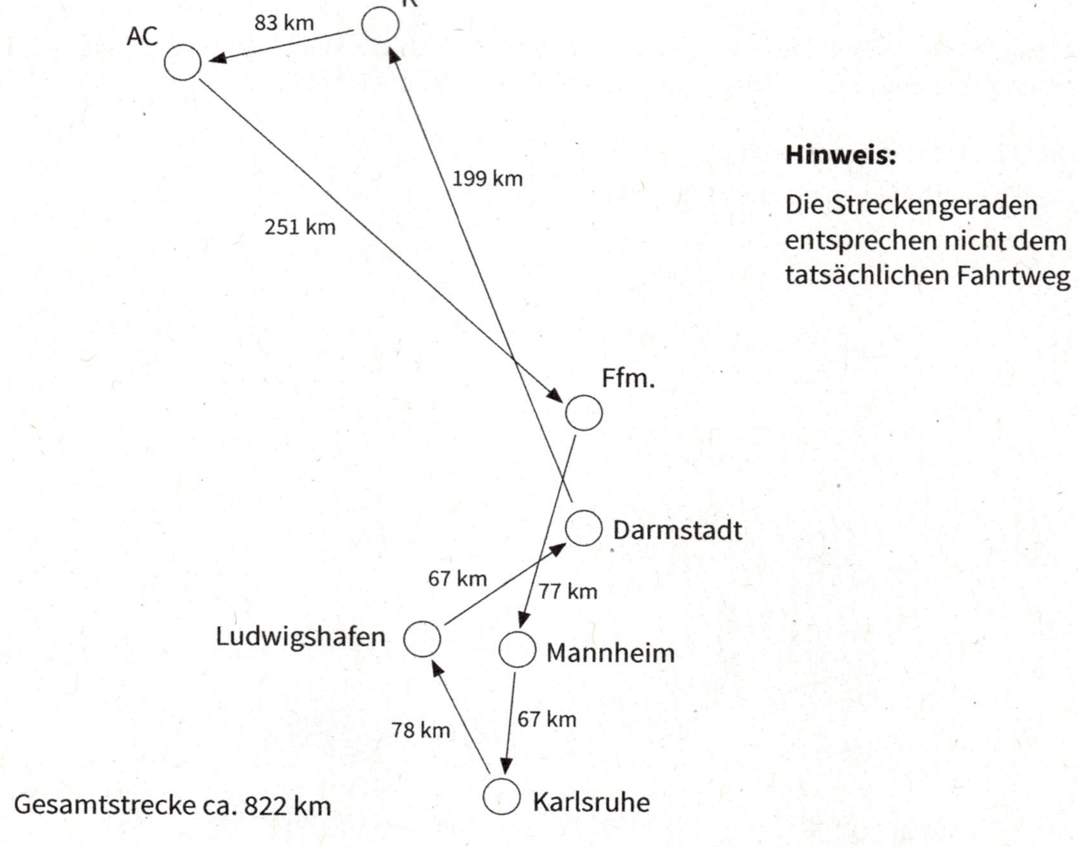

Hinweis:

Die Streckengeraden entsprechen nicht dem tatsächlichen Fahrtweg

Bei der Tourenplanung sind die EU-Sozialvorschriften zu beachten u. a.:

- Die Lenkzeit (LZ) des Fahrers darf 9 Std. zwischen 2 Tagesruhezeiten (TRZ) nicht überschreiten.
- Die LZ darf bis 2-mal wöchentlich auf 10 Std., zwischen zwei TRZ, verlängert werden.
- Nach einer LZ von 4 ½ Std. ist eine Lenkzeitunterbrechung (LZU) von min. 45 Min. vorgeschrieben. Die LZU darf auch in 2 Unterbrechungen, wovon die erste min. 15 Min. und die zweite min. 30 Min. betragen muss, aufgeteilt werden.
- Innerhalb jedes 24 Std.-Zeitraums, der nicht mit dem Kalendertag identisch sein muss, hat der Fahrer eine zusammenhängende TRZ von 11 Std. einzuhalten.
- Die zusammenhängende TRZ darf zwischen 2 Wochenruhezeiten (WRZ) bis zu 3-mal auf 9 Std. verkürzt werden. Diese Zeit muss nicht nachgeholt werden.

Lösung zur 2. Aufgabe – Tourenplanung

Legt man eine Durchschnittsgeschwindigkeit von 70 – 80 km/h zugrunde und dass die Be- und Entladung nicht durch den Fahrer erfolgt (s. u. Erklärung zur LZU), ist folgender Tourenplan vorstellbar:

Tourenplan mit Fahrtzeiten und LZU (Fahrtzeitunterbrechungen):

Ort	Tag u. Uhrzeit	LZU	Ent- und Beladen
Aachen ab	Mo 23:00		
Frankfurt a. M. an	Di 02:30	30 Min.	Entladen
Frankfurt a. M. ab	Di 03:00		
Mannheim an	Di 04:00	30 Min.	Entladen
Mannheim ab	Di 04:30		
Karlsruhe an	Di 05:30	30 Min.	Entladen
Karlsruhe ab	Di 06:00		
Ludwigshafen an	Di 07:00	30 Min.	
Ludwigshafen ab	Di 07:30		
Darmstadt an	Di 08:30	11 Std.	Beladen
Darmstadt ab	Di 19:30		
Köln an	Di 23:00	30 Min.	Entladen
Köln ab	Di 23:30		
Aachen an	Mi 01:00	Tourende	Entladen

Die Einhaltung dieses Planes wird in der Praxis von verschieden Faktoren beeinflusst:

- Straßen- und Witterungsverhältnisse (Baustellen, Umleitungen, Glatteis)
- Fahrweise des Fahrers
- sonstige Beförderungshindernisse (Staus, Kontrollen)
- Ablieferungshindernisse (längere Be- und Entladezeiten)
- usw.

Eine Lenkzeitunterbrechung (LZU) oder offiziell „Fahrtunterbrechung“ ist lt. der VO (EG) Nr. 561/2006 Art. 4 Buchstabe d und e:

„jeder Zeitraum, in dem der Fahrer keine Fahrtätigkeit ausüben und keine anderen Arbeiten ausführen darf und der ausschließlich zur Erholung genutzt wird.“ Andere Arbeiten sind alle in Artikel 3 Buchstabe a der Richtlinie 2002/15/EG als Arbeitszeit definierten Tätigkeiten mit Ausnahme der Fahrtätigkeit sowie jede Arbeit für denselben oder einen Arbeitgeber, sei es inner- oder außerhalb des Verkehrssektors.

Lt. der Richtlinie 2002/15/EG zählen als Arbeitszeit und können somit nicht als LZU anerkannt werden, u. a.:

- Be- und Entladen
- Reinigung und technische Wartung
- Arbeiten, die dazu dienen, die Sicherheit des Fahrzeugs und der Ladung zu gewährleisten bzw. die gesetzlichen oder behördlichen Formalitäten, die einen direkten Zusammenhang mit der gerade ausgeführten spezifischen Transporttätigkeit aufweisen, zu erledigen. Hierzu gehören auch: Überwachen des Beladens/Entladens, Erledigung von Formalitäten im Zusammenhang mit Polizei, Zoll, Einwanderungsbehörden usw.

Lösung zur 2. Aufgabe – Tourenplanung

b) Stauplan

Aufgrund der Tourenplanung muss die Beladung in Aachen in folgender Weise erfolgen:

Beladereihen-folge	Zielort	Anzahl der EP
1	67071 Ludwigshafen	10
2	76139 Karlsruhe	6
3	68259 Mannheim	8
4	60489 Frankfurt a. M.	10
	Summe:	34

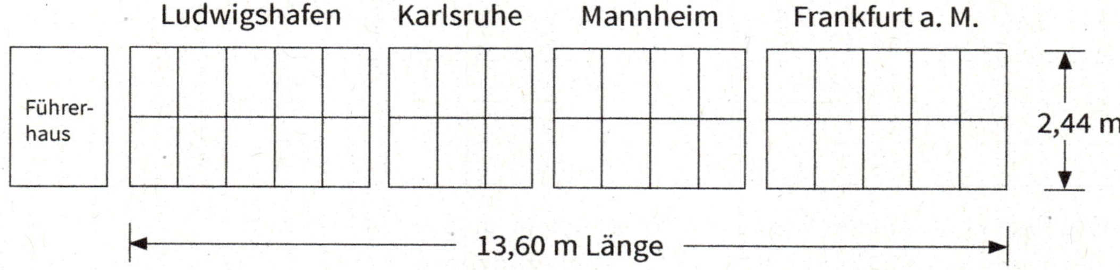

Stauplan (Rückfahrt):

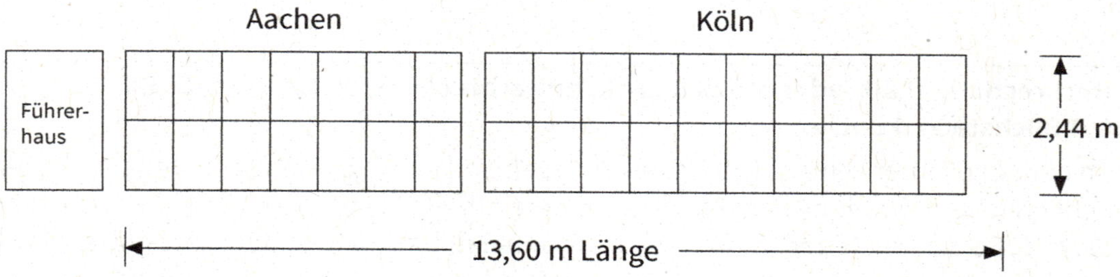

Hinweis: Für eine betriebssichere Verladung ist der Fahrer verantwortlich!

c) Da die Lenkzeit spätestens nach 4 ½ Std. für 45 Min. unterbrochen werden muss, ergibt sich folgende Rechnung:

4,5 Std. x 75 km = 337,5 km zurückgelegte Strecke bis zur Lenkzeitunterbrechung

412,5 km – 337,5 km = 75 km Reststrecke, nach 45 Min. (0,75 Std.) Pause noch zu fahren

22:30 Uhr + 4,5 Std. + 0,75 Std. + 1 Std. = <u>04:45 Uhr</u> (rein rechnerische Ankunftszeit)

Lösung zur 2. Aufgabe – Tourenplanung

Fall 2

a) Kalkulationen:

Auftrag 1

1 Tagessatz	230,00 €	
500 km x 0,92 €	460,00 €	
120 km leer x 0,92 €	110,40 €	
Maut (500 km x 0,95) x 0,229 €	108,78 €	(Lastkilometer)
Maut 120 km x 0,229 €	27,48 €	(Leerkilometer)
Selbstkosten	936,66 €	
Gewinnzuschlag 3,5 %	32,78 €	
Nettofrachtkosten:	969,44 €	

Auftrag 2

2 Tagessätze	460,00 €	
820 km x 0,92 €	754,40 €	
120 km leer x 0,92 €	110,40 €	
Maut (820 km x 0,95) x 0,229 €	178,39 €	(Lastkilometer)
Maut 120 km x 0,229 €	27,48 €	(Leerkilometer)
Selbstkosten	1.530,67 €	
Gewinnzuschlag 3,5 %	53,57 €	
Nettofrachtkosten:	1.584,24 €	

Rückladung

1 Tagessatz	230,00 €	
580 km x 0,92 €	533,60 €	
120 km leer x 0,92 €	110,40 €	
Maut (580 km x 0,95) x 0,229 €	126,18 €	(Lastkilometer)
Maut 120 km x 0,229 €	27,48 €	(Leerkilometer)
Selbstkosten	1.027,66 €	
Gewinnzuschlag 3,5 %	35,97 €	
Nettofrachtkosten:	1.063,63 €	

b) Auftrag 2 plus obligatorischer Rückladung, da hier ein höherer Gewinn erzielt werden kann als beim Auftrag 1 (zwischen Wolfsburg und Lübeck sind zu viele Leerkilometer) und Selbsteintritt günstiger ist als durch Subunternehmer.

c) **Kosten:** Die vereinbarte Fracht (1.060,00 €) liegt über den Selbstkosten (1.027,66 €). Der kalk. Gewinnzuschlag wird knapp verfehlt.

Akquisitorische Sicht: Stammkunde (A-Kunde mit hoher Priorität)

Lösung zur 2. Aufgabe – Tourenplanung

Fall 2

d) Nein, da die Zuladung und das Raumangebot des Sattelzuges überschritten würden.

e) Rohergebnis (mit Selbsteintritt):

Erlös Auftrag 1:	990,00 €
Erlös Auftrag 2:	1.690,00 €
Erlös Rückladung:	1.060,00 €
Summe der Erlöse:	3.740,00 €
Kosten Auftrag 1 (Subunternehmer):	900,00 €
Kosten Auftrag 2:	1.530,67 €
Kosten Rückladung:	1.027,66 €
Rohergebnis (Gewinn):	281,67 €

f) Rohergebnis (ohne Selbsteintritt):

Erlöse (siehe 04):	3.740,00 €
Kosten (Subunternehmer):	3.450,00 € (1.900 € + 1.550 €)
Rohergebnis (Gewinn):	290,00 €

Lösung zur 3. Aufgabe – Sammelgut – Straße

a)

Name des Vertragspartners Spalte 1	Vertragsart Spalte 2	Der Vertragspartner tritt auf als... (Bitte ankreuzen!)				Rechts- bzw. Vertragsgrundlage Spalte 7
		Absender Spalte 3	Versender Spalte 4	Spediteur Spalte 5	Frachtführer Spalte 6	
Max ZÖLLIG GmbH & Co. KG	Speditionsvertrag			X		ADSp 2017, HGB
Ludwig BECKER e. K.	Frachtvertrag				X	HGB
ROMBACH KG	Speditionsvertrag		X			ADSp 2017, HGB

Hinweis:
Bei dem Frachtvertrag mit Ludwig BECKER e. K. ist die SPEDAIX GmbH Absender.
Der ROMBACH KG gegenüber ist sie Spediteur und vertraglicher Frachtführer (Sammelladungs- und Fixkostenspediteur).

b) Kosten des Hauptlaufs (Aachen – Hannover: 360 km)

Durch alternatives Rechnen ergeben sich folgende Grundfrachten (Anlage 4):

Grundfracht (auf Basis des Gewichtes im 10-t-Satz): 139 x 5,47 € = 760,33 €
Grundfracht (auf Basis der angefangenen Lademeter):

16 EP à 0,4 LDM = 6,4 LDM
14 IP à 0,5 LDM = 7,0 LDM
insgesamt 13,4 LDM also 14 angef. LDM x 60,00 € = 840,00 €

Da die günstigste Fracht für den Absender (hier: SPEDAIX GmbH) zu berechnen ist, beträgt die

Grundfracht	760,33 €
Minusmarge 25 %	190,01 €
Ermäßigte Grundfracht	570,32 €
Maut (13,9 t für 0,95 x 360 km)	71,62 €
Netto	**641,94 €**

Lösung zur 3. Aufgabe – Sammelgut – Straße

c) Forderung der ROMBACH KG gegenüber:

Haus-Haus-Entgelt für die 240 km Entfernung Grevenbroich – Minden bei 400 kg **(Anlage 2)**	154,00 €
Maut (400 kg für 0,95 x 240 km) **(Anlage 5)**	2,24 €
Avisgebühr **(Anlage 3)**	4,90 €
Palettentauschgebühr **(Anlage 3)**	2,60 €
Nettorechnungsbetrag	**163,74 €**
USt 19 %	31,11 €
Rechnungsbetrag (Forderung):	**194,85 €**

d) Rohergebnis des Sammelgutgeschäftes

Erlöse

Nettoerlöse für 6 Aufträge	1.880,55 €
+ Nettoerlös ROMBACH KG	163,74 €
= Nettoerlöse gesamt	2.044,29 €

Kosten

Vorlaufkosten	388,40 €
+ Hauptlaufkosten	671,94 €
Rückrechnung des Empfangsspediteurs **(Anlage 6)**:	
+ Entladen und Verteilen (139 x 0,77 €)	107,03 €
+ 2 Zustellungen (Locogut)	15,30 €
+ 4 Anschlussfrachten (Reexpeditionen)	332,00 €
+ Anschlussfracht ROMBACH KG (400 kg und 87 km)	69,00 €
= Kosten gesamt	1.583,67 €

Rohergebnis

Nettoerlöse gesamt	2.044,29 €
– Kosten gesamt	1.583,67 €
= Rohergebnis	460,62 €

e) Vorteile des Sammelgutverkehrs für den Versender:

- Einsparung von Versandkosten im Vergleich zur Einzelbeförderung
- Planungssicherheit durch feste Relationen der Versandspedition
- Vereinfachung der Verkaufskalkulation (bei Festpreisen)

Vorteile des Sammelgutverkehrs für den Versandspediteur:

- Frachtkostenvorteil durch die Ladungsfracht
- Vorteil der Kapazitätsauslastung im Lager und im Fuhrpark (bei Selbsteintritt)
- Vorteil durch Beiladungen Kapazitäten auszulasten
- Wettbewerbsvorteil durch breiteres Serviceangebot (z. B. Cross-Selling)

Lösung zur 4. Aufgabe – Fahrzeugtypen

a) **Folgende Maße und Gewichte sind gemäß § 32 StVZO zulässig:**

- Länge (Hängerzug) max. 18,75 m
- Länge (Einzelfahrzeug ohne Anhänger) max. 12,00 m
- Länge (Sattelzug) max. 16,50 m
- Breite allgemein max. 2,55 m (bei Kühlfahrzeugen max. 2,60 m)
- Höhe max. 4,00 m
- Zulässiges Gesamtgewicht max. 40 t (*)

(*) Werden ISO-Container von 40' im kombinierten Verkehr zwischen den EU-Staaten mit Sattelkraftfahrzeugen befördert, gilt unter Beachtung weiterer Bedingungen ein Gesamtgewicht von höchstens 44 t.

b) **Besonderheiten folgender Fahrzeugtypen**

- **Edscha-Verdeck/Edscha-Aufbau:** Dies ist ein schiebbares Verdeck bei einem Motorwagen oder Anhänger/Auflieger, welches die Be- und Entladung durch den Dachraum per Kran ermöglicht. Es wurde nach dem Firmengründer Eduard Scharwächter benannt.

  Wird ein Edscha-Verdeck mit einem Curtainsider/Tautliner (siehe unten) kombiniert, spricht man von einem Edscha-Aufbau.
- **Curtainsider, auch Tautliner:** (engl. taut = gestrafft, gezurrt; engl. curtain = Gardine, Vorhang) Dies ist ein Motorwagen oder Anhänger/Auflieger mit Gardinenplane, welche auch über das Fahrerhaus verschiebbar ist, damit die gesamte Laderaumseite zur Be- und Entladung frei ist (ideal für Gabelstaplerbe- und -entladung). Ohne diese Vorrichtung muss der Fahrer die komplette Plane von Hand abplanen.

  Diese Fahrzeuge sind zuweilen zusätzlich mit einem Edscha-Verdeck ausgestattet, dann spricht man von einem Edscha-Aufbau (siehe oben).
- **Jumbo:** Dies ist ein speziell für den Transport sperriger Güter geeignetes, tiefergezogenes und großvolumiges Fahrzeug mit einem Ladevolumen bis zu 120 cbm. Das höhere Ladevolumen wird, um die zulässige Gesamthöhe von 4 m nicht zu überschreiten, u. a. durch eine tieferliegende Ladefläche, ggf. kleinere Bereifung etc. erreicht.
- **Isothermfahrzeug:** LKW oder Anhänger mit geschlossenem Aufbau und gegen Wärme- oder Kältedurchgang isolierten Wänden. Die Aufbauten sind oft mit Kühl- oder Heizeinrichtungen ausgestattet.

c) Hier empfiehlt sich ein Großraumfahrzeug (Jumbo). Konventionelle Last- und Sattelzüge verfügen nicht über ein Volumen von über 100 cbm.

d) **Betriebliche bzw. verkehrspolitische Vorteile können sein:**

- Verringerung der Fahrten, da mehr Nutzlast in Bezug auf den Laderaum (das zulässige Gesamtgewicht bleibt aber weiterhin auf 40 t begrenzt)
- Einsparung von Energiekosten
- Einsparung von Personal

Betriebliche bzw. verkehrspolitische Nachteile können sein:

- Stellplatzprobleme auf Raststätten
- geringere Wendigkeit bei engen Straßenverhältnissen in Städten
- ggf. Nachrüstkosten für Autobahnbelag und Brücken

Lösung zur 4. Aufgabe – Fahrzeugtypen

e) Die Maße der Kartons eignen sich für eine Palettierung mittels Europaletten (EP) (120 cm x 80 cm).

Eine Paletten-Lage entspricht **4 Kartons:**

(1,2 m x 0,8 m) : (0,6 m x 0,4 m) = 4

Aufgrund der Ladehöhe im Auflieger sind **9 Lagen** pro EP möglich:

0,15 m Aufbauhöhe Leerpalette + (9 Lagen x 0,25 m) = **2,40 m Palettenhöhe (brutto)**

Die Gesamtsendung beansprucht **4,8 LDM:**

432 Kartons : 36 Kartons je EP (4 Kartons x 9 Lagen) = 12 EP
12 EP x 0,4 LDM/EP = 4,8 LDM insgesamt

Die Gesamtsendung beansprucht **2 460 kg** der Nutzlast:

25 kg Paletteneigengewicht + (36 Kartons x 5 kg/Karton) = 205 kg
12 EP x 205 kg/EP = 2 460 kg

Ladungssicherung:

- Den oberen Abschluss der Kartons mit Kantenschutzwinkeln sichern und die Paletten einstretchen.
- Mit einer Bändermaschine händisch leicht einbändern (4-fach) oder alternativ mit Schrumpffolie einschweißen.
- Mit Antirutschmatten oder Antirutschpads die Paletten gegen Verrutschen sichern.
- Mit Spannbrettern (4 Stück) eine Sperre zur anderen Ladung hin bauen.

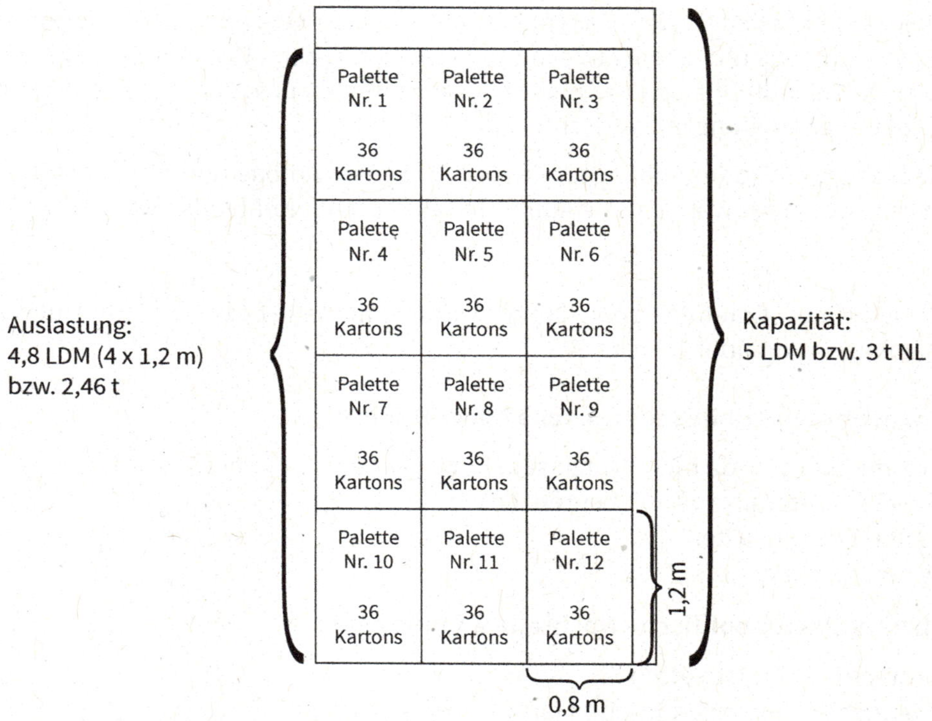

Palette Nr. 1 36 Kartons	Palette Nr. 2 36 Kartons	Palette Nr. 3 36 Kartons
Palette Nr. 4 36 Kartons	Palette Nr. 5 36 Kartons	Palette Nr. 6 36 Kartons
Palette Nr. 7 36 Kartons	Palette Nr. 8 36 Kartons	Palette Nr. 9 36 Kartons
Palette Nr. 10 36 Kartons	Palette Nr. 11 36 Kartons	Palette Nr. 12 36 Kartons

Auslastung:
4,8 LDM (4 x 1,2 m)
bzw. 2,46 t

Kapazität:
5 LDM bzw. 3 t NL

1,2 m

0,8 m

Kapazität: 2,44 m
Auslastung: 2,40 m (3 x 0,8 m)

f) **Batterieelektrische LKW (BEV):** Elektrische LKW werden von Elektromotoren angetrieben, die ihre Energie aus großen Batteriespeichern beziehen. Diese Batterien werden über das Stromnetz aufgeladen.

Vorteile:

- kein Ausstoß von Abgasen
- geringerer Energieverbrauch als Verbrennungsmotoren
- leiser als Dieselmotoren
- Strom ist in der Regel günstiger als Diesel

Nachteile:

- begrenzte Reichweite
- lange Aufladedauer
- Reduzierung der Nutzlast aufgrund der schweren Batterien
- mangelnde Ladeinfrastruktur
- hohe Anschaffungskosten

Wasserstoff-Brennstoffzellen-LKW: Wasserstoff-Brennstoffzellen-LKW erzeugen ihren Strom in einer Brennstoffzelle, die Wasserstoff und Sauerstoff chemisch reagieren lässt. Dabei entsteht Wasser als einziges „Abfallprodukt". Der erzeugte Strom treibt Elektromotoren an.

Vorteile:

- kein Aussstoß schädlicher Emissionen
- das Tanken von Wasserstoff dauert ähnlich lange wie das Tanken von Diesel
- ähnliche Reichweite wie Diesel-LKW
- im Vergleich zu Batterien sind Wasserstofftanks leichter (keine Reduzierung der Nutzlast)

Nachteile:

- hohe Kosten für Wasserstoff
- mangelnde Infrastruktur für Wasserstofftankstellen
- derzeit die teuerste Alternative in der Anschaffung

Hybrid-LKW: Hybrid-LKW kombinieren einen Verbrennungsmotor mit einem Elektromotor und einer Batterie.

Vorteile:

- durch die Unterstützung des Elektromotors wird der Kraftstoffverbrauch und somit die Emissionen reduziert
- Einsatz sowohl im Stadtverkehr als auch auf längeren Strecken
- kürzere Ladezeiten im Vergleich zu reinen Elektro-LKW

Nachteile:

- weiterer Ausstoß von Emissionen, da Nutzung eines Verbrennungsmotors
- reduzierte Nutzlast durch zusätzliche Batterie
- erschwerte Wartung, weil Hybridantriebe komplexer als reine Vebrennungsmotoren sind

Weitere mögliche Antriebe:

LNG (Liquid Natural Gas)

CNG (Compressed Natural Gas)

HVO (Hydrogenated Vegetable Oils)

Lösung zur 5. Aufgabe – Incoterms FCA und CIP

Den 11 Klauseln der INCOTERMS 2020 gemein ist der Aufbau der Verkäuferpflichten (A1 bis A10) sowie der Käuferpflichten (B1 bis B10):

Transportfall 1:

a) **FCA** steht für **F**ree **Ca**rrier (... named place), d. h., Frei Frachtführer (... benannter Ort).

b) Gemäß Vorschrift B4 des Incoterms FCA hat der Käufer auf eigene Kosten den Beförderungsvertrag mit dem Frachtführer zu schließen, es sei denn, der Verkäufer schließt ihn auf Gefahr und Kosten des Käufers ab, da der Käufer dies wünscht bzw. dies der Handelspraxis entspricht (A4).

c) Die Lieferung für den Versender ist abgeschlossen, wenn die Ware in Köln auf das vom Spediteur (Frachtführer) bereitgestellte Beförderungsmittel verladen worden ist (vgl. Verkäuferpflicht A2).

d) Von dem unter c) genannten Zeitpunkt an hat der Käufer nach Vorschrift B3 alle Gefahren des Verlustes oder der Beschädigung der Ware zu tragen. Dies gilt gemäß B9 auch für die Kosten (sog. Einpunkt-Klausel: Der Gefahren- und der Kostenübergang sind identisch.).

e) Die Kosten für die anfallende Ausfuhrformalitäten trägt der Verkäufer (A7). Die Kosten für die erforderlichen Einfuhrformalitäten der Käufer (B7).

Transportfall 2:

a) **CIP** steht für **C**arriage and **I**nsurance **P**aid to (... named place of destination), d. h., Frachtfrei versichert (... benannter Bestimmungsort).

b) Nach der Vorschrift A4 muss der Verkäufer den Beförderungsvertrag auf eigene Rechnung mit dem Frachtführer abschließen.

c) Die CIP-Klausel ist eine Zweipunktklausel, da der Gefahren- und der Kostenübergang voneinander abweichen. Die Gefahr des Verlustes oder der Beschädigung der Ware geht auf den Käufer am Lieferort über (Übergabe der Ware an den ersten Frachtführer), die Kosten erst am Bestimmungsort (vgl. A2/B2, A3/B3, A9/B9).

d) Den Transportversicherungsvertrag hat (nach der Vorschrift A5) der Verkäufer auf eigene Kosten abzuschließen. Er muss vom Umfang (falls nicht anderes vereinbart war) der Allgefahrendeckung der ICC (Institute Cargo Clauses der International Underwriting Association of London/IUA) entsprechen. Die Mindestversicherung muss den Kaufpreis zzgl. 10 % (also 110 %) decken und in der Währung des Kaufvertrages eingedeckt werden.

e) Die anfallenden Kosten für die Ausfuhrformalitäten trägt nach der Vorschrift A7 der Verkäufer. Die Kosten für die Einfuhrformalitäten trägt nach der Vorschrift B7 der Käufer.

Lösung zur 6. Aufgabe – Zollversandverfahren

Fall 1:

a) Versandverfahren nach dem „Zollübereinkommen über das Carnet A.T.A. für die vorübergehende Einfuhr von Waren“ (Admission temporaire/Temporary Admission).

b) ATA, auch A.T.A, steht für „Admission Temporaire/Temporary Admission“.

c) Das Carnet ATA ist für Kapstadt (Südafrika) gültig, da Südafrika (South Africa) in der Liste der Länder aufgeführt ist, für die eine Bürgschaft besteht.

d) Das Carnet ist zu beantragen bei der für den Ausführer zuständigen Industrie- und Handelskammer (hier: IHK zu Aachen).

e) An die Stelle einer Einzelsicherheitsleistung tritt beim Carnet ATA die Pauschalbürgschaft des „Deutschen Industrie- und Handelskammertages“ (DIHK), der als Zollbürge zugelassen ist.
Das Carnet selbst ist für den Kunden kostenpflichtig.

f) In der „Allgemeinen Liste“ zum Carnet werden die einzelnen Gegenstände aufgeführt, beschrieben und mit Gewichts- und Wertangaben versehen. Insofern dient das Carnet auch als Nämlichkeitsnachweis* für den Gemeinschaftscharakter der Ware, wenn die Werkzeuge wieder ins EU-Zollgebiet eingeführt werden.

* **Der Nämlichkeitsnachweis** ist ein Beleg, mit dem der Nachweis erbracht wird, dass vorübergehend ein- oder ausgeführte zollpflichtige Ware bis zur Wiederaus- oder Wiedereinfuhr unverändert geblieben ist, d. h., dass es sich um die nämliche Sache handelt. Ist dies der Fall, entfällt die Zollpflicht.

Fall 2:

a) TIR-Versandverfahren nach dem „Zollübereinkommen über den internationalen Warentransport mit Carnets TIR“ (TIR = Transport International de Marchandises par la Route). Es kommt hier zur Anwendung, da Gemeinschaftsware über die EU hinaus in ein Drittland verbracht wird. Die Abfertigung im TIR-Verfahren ist eine zollamtliche Überwachung der Ausfuhr, das Carnet ist Urkunde zum Nachweis der Nämlichkeit.

b) Das Fahrzeug muss:

- „zollsicher“ sein, d. h. für einen Transport unter Zollverschluss zugelassen sein (Zollverschlussanerkenntnis),
- vorne und hinten durch je eine TIR-Tafel gekennzeichnet sein,
- mindestens eine Teilstrecke auf der Straße zurücklegen.

c) Der Aussteller ist die IRU (International Road Transport Union).
Die deutsche Ausgabestelle ist der BGL (Bundesverband Güterkraftverkehr Logistik und Entsorgung e. V.) über seine angeschlossenen Landesverbände.

d) Schweden und Finnland sind die Transitländer.

Lösung zur 6. Aufgabe – Zollversandverfahren

e) Nein, das Carnet TIR darf nur für eine Fahrt verwendet werden. Eine Verwendung desselben Carnets für einen neuen Warentransport (hier: eine Rückladung aus Sankt Petersburg) ist unzulässig. Nach Beendigung des Transportes ist das Carnet TIR umgehend der Ausgabestelle zurückzugeben.

f) Wird die Rückladung in Helsinki (Finnland) aufgenommen, handelt es sich hierbei um Unionsware aus einem EU-Land, somit ist kein Versandscheinverfahren notwendig. Die Waren müssen nicht zur Aus- oder Einfuhr freigemacht werden.

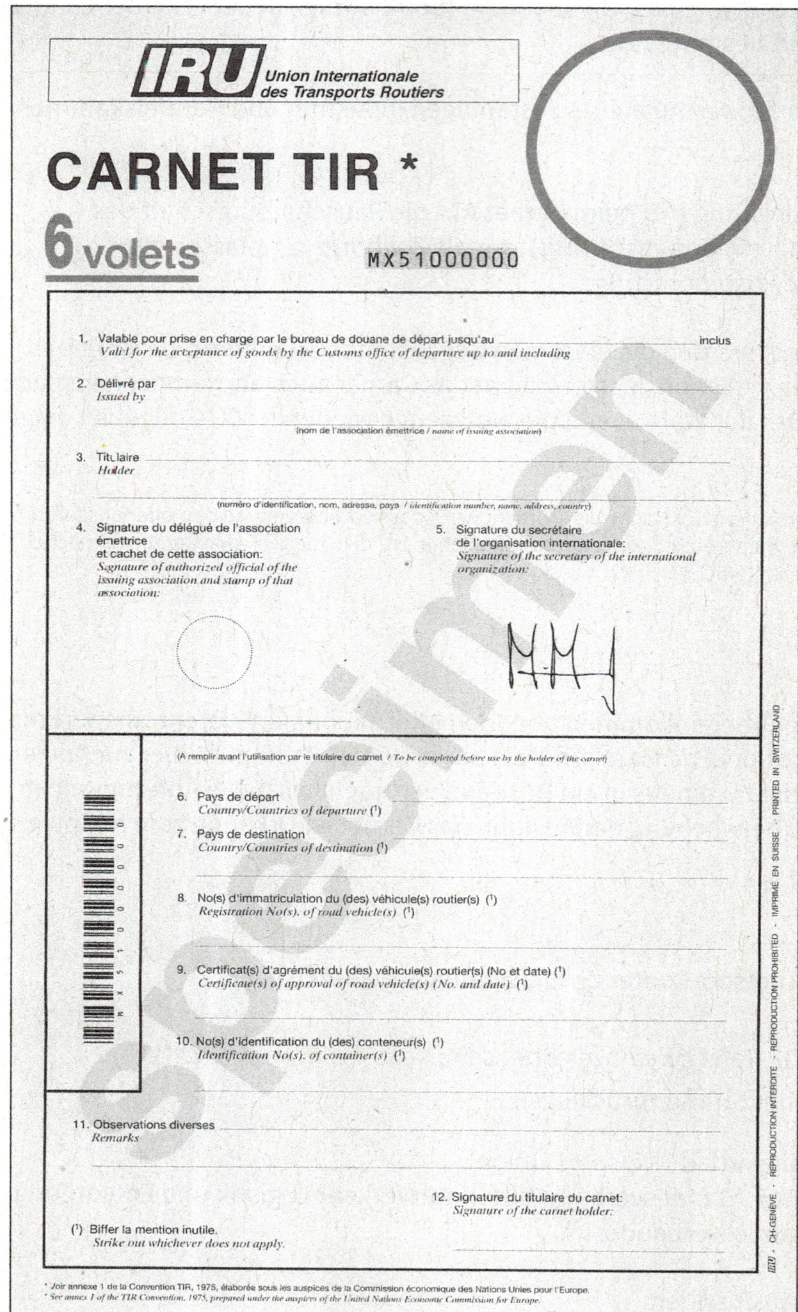

IRU Union Internationale des Transports Routiers

CARNET TIR *

6 volets

MX51000000

1. Valable pour prise en charge par le bureau de douane de départ jusqu'au ____ inclus
Valid for the acceptance of goods by the Customs office of departure up to and including

2. Délivré par ____
Issued by
(nom de l'association émettrice / *name of issuing association*)

3. Titulaire ____
Holder
(numéro d'identification, nom, adresse, pays / *identification number, name, address, country*)

4. Signature du délégué de l'association émettrice et cachet de cette association:
Signature of authorized official of the issuing association and stamp of that association:

5. Signature du secrétaire de l'organisation internationale:
Signature of the secretary of the international organization:

(A remplir avant l'utilisation par le titulaire du carnet / *To be completed before use by the holder of the carnet*)

M X 5 1 0 0 0 0 0 0

6. Pays de départ ____
Country/Countries of departure (1)

7. Pays de destination ____
Country/Countries of destination (1)

8. No(s) d'immatriculation du (des) véhicule(s) routier(s) (1)
Registration No(s). of road vehicle(s) (1)

9. Certificat(s) d'agrément du (des) véhicule(s) routier(s) (No et date) (1)
Certificate(s) of approval of road vehicle(s) (No. and date) (1)

10. No(s) d'identification du (des) conteneur(s) (1)
Identification No(s). of container(s) (1)

11. Observations diverses ____
Remarks

12. Signature du titulaire du carnet:
Signature of the carnet holder:

(1) Biffer la mention inutile.
Strike out whichever does not apply.

IRU · CH-GENÈVE · REPRODUCTION INTERDITE · REPRODUCTION PROHIBITED · IMPRIMÉ EN SUISSE · PRINTED IN SWITZERLAND

* Voir annexe 1 de la Convention TIR, 1975, élaborée sous les auspices de la Commission économique des Nations Unies pour l'Europe.
* *See annex 1 of the TIR Convention, 1975, prepared under the auspices of the United Nations Economic Commission for Europe.*

Lösung zur 7. Aufgabe – Grenzüberschreitender Güterkraftverkehr

a) Der Frachtvertrag wird zwischen der INTER-CAROLUS GmbH (**Absender**) und der AIXTRANS GmbH & Co. KG (Frachtführer) geschlossen. Zwischen der MAGILUX OHG und der INTER-CAROLUS GmbH besteht ein Speditionsvertrag.

b) Da es sich um einen grenzüberschreitenden Transport handelt, ist das CMR (Convention relative au contrat de transport international de marchandises par route) **zwingend** anzuwenden.

Voraussetzungen für deren Gültigkeit:

- Es muss sich um eine gewerbliche Beförderung (gegen Entgelt) von Gütern auf der Straße mit Fahrzeugen handeln.
- Der Be- und Entladeort müssen in zwei verschiedenen Staaten liegen.
- Mindestens einer dieser Staaten muss die CMR ratifiziert haben.

Der Frachtvertrag kommt formfrei zustande durch zwei übereinstimmende Willenserklärungen (Konsensualvertrag).

c) Zwar ist im Gegensatz zum HGB-Frachtrecht ein Frachtbrief nach dem CMR vorgeschrieben, der CMR-Frachtvertrag ist jedoch auch ohne Ausstellung eines solchen gültig. Ein faktischer Frachtbriefzwang besteht überdies darin, dass im nationalen Recht einzelner Transitländer die Verwendung eines Frachtbriefes zwingend vorgeschrieben ist.

d) Aufgrund der genannten Bedingungen ist das Erreichen des Zielortes Grosseto im 24-Std.-Lauf knapp bemessen, aber möglich. Eine Lieferfristgarantie seitens der INTER-CAROLUS GmbH sollte allerdings aus Haftungsgründen vermieden werden, es sei denn, man vereinbart eine reduzierte Haftung. Möglicher Fahrtverlauf (ohne Stau und Wartezeiten):

29.03.20..:	19:15 Uhr	Abfahrt in Aachen
30.03.20..:	05:00 Uhr	Einfahrt in die Schweiz (Basel) unter Einhaltung der EU-Sozialvorschriften
	16:45 Uhr	Ankunft in Grosseto (Berücksichtigt wurde der Fahrerwechsel in der Schweiz und die Einhaltung der Sozialvorschriften.)

Erläuterung:

Bei der Lösung wird von möglichen Stau- und Wartezeiten abgesehen. Der in Aachen kurz nach 19:00 Uhr (hier 19:15 Uhr) startende Fahrer kann ohne Zeitdruck die deutsch-schweizerische Grenze erreichen. Die Entfernung Aachen – Basel (Schweizer Grenze) beträgt 560 km. Bei einer Durchschnittsgeschwindigkeit von 70 km/h und unter Einhaltung der EU-Sozialvorschriften ist die Grenze bequem gegen 4:00 Uhr erreichbar (eine Weiterfahrt dort ist erst ab 5:00 Uhr gestattet). Die verbleibenden 752,5 km (1.312,5 km – 560 km) können mit einer Gesamtlenkzeit von nicht ganz 11 Stunden (752,5 km : 70 km/h ≈ 10,75 Std.) und mit Beachtung von Lenkzeitunterbrechungen und Ruhezeiten mit 2 Fahrern so zurückgelegt werden, dass eine Ankunft gegen 17:00 Uhr in Grosseto (I) möglich wäre.

Lösung zur 7. Aufgabe – Grenzüberschreitender Güterkraftverkehr

En détail wäre folgender Fahrtverlauf vorstellbar (gehört nicht zum Lösungsumfang):

Datum	Uhrzeit (von … bis …)	Lenkzeiten (LZ) Lenkzeitunterbrechungen (LZU) Ruhezeit/Sonstiges	Streckenleistung in km	Streckenleistung in km (kumuliert)
29.03.	19:15 bis 23:45	4 ½ Std. LZ (1. Fahrer)	315	315
	23:45 bis 00:30	45 Min. LZU (1. Fahrer)		
30.03.	00:30 bis 04:00	3 ½ Std. LZ (1. Fahrer)	245	560
	04:00 bis 05:00	Wartezeit an der Grenze 05:00 Uhr 2. Fahrer übernimmt Ruhezeitmöglichkeit 1. Fahrer (04:00 bis 15:00 Uhr)		
	05:00 bis 09:30	4 ½ Std. LZ (2. Fahrer)	315	875
	09:30 bis 10:15	45 Min. LZU (2. Fahrer)		
	10:15 bis 14:45	4 ½ Std. LZ (2. Fahrer)	315	1 190
	14:45 bis 15:00	Rüstzeit Ruhezeitmöglichkeit 2. Fahrer (14:45 bis 01:45 Uhr) 15:00 Uhr 1. Fahrer übernimmt		
	15:00 bis 16:45	1 ¾ Std. LZ (1. Fahrer)	122,5	1 312,5
Das Fahrtziel kann (hier mit einer rechnerischen Abweichung von + 2,5 km) gegen 16:45 Uhr erreicht werden. Es bliebe (rein rechnerisch) ¼ Std. „Pufferzeit“ für die am Vortag übernommene Sendung im Rahmen eines 24-Std.-Laufes. Diese Viertelstunde sollte aber als „Rüstzeit“ (z. B. Fahrerwechsel) verrechnet werden. Ebenso sind Alternativen im Rahmen der geltenden EU-Sozialvorschriften denkbar (z. B. 10 Stunden LZ, andere Gestaltung der LZU in Blöcken à 30 und 15 Min.).				

Als Disponent/-in der INTER-CAROLUS GmbH sollte man wissen, dass sich in der Praxis der geplante 24-Std.-Lauf durch Stau- und Wartezeiten erhöhen, aber auch durch eine streckenweise erhöhte Fahrtgeschwindigkeit (80 km/h) verkürzen kann. Um auf der „sicheren“ Seite zu sein, sollte eine **Lieferzeitangabe** nur **vereinbart,** aber **keinesfalls garantiert** werden.

e) Fahrzeugbezogene Papiere sind:

- Zulassungsbescheinigung Teil I
- Prüfberichte (z. B. HU)
- Versicherungsnachweise (Güterschaden-Haftpflichtversicherung)
- EU-Lizenz (auch gültig für den Schweiz-Transit)
- Vignette

f) Auf der Fahrt von Aachen nach Grosseto werden die aufgeführten Städte wie folgt passiert:

Koblenz – Worms – Karlsruhe – Basel – Luzern – Como – Mailand – Parma – Pisa

Lösung zur 8. Aufgabe – Funktionen des Frachtbriefes

a) Durch Aushändigung des Absenderexemplars an den Käufer (hier an Frau Cipriani) sperrt sich der Absender (hier die beauftragte Spedition INTER-CAROLUS GmbH) vom Recht nachträglicher Verfügungen über die rollende Sendung ab. Diese **Sperrfunktion** des Frachtbriefes nutzt der Käufer zur Sicherung seiner Kaufpreisanzahlung.

b) Weitere Funktionen des CMR-Frachtbriefes sind:

- **Beweisfunktion**: Für den Abschluss und Inhalt des Frachtvertrages.
- **Übernahmequittung**: Der Frachtführer bescheinigt die übernommene Sendung.
- **Begleitpapier**: Das Frachtführer- und Empfängerexemplar begleiten die Sendung.
- **Ablieferungsnachweis**: Der Empfänger bescheinigt die Ablieferung der Sendung.
- **Haftungserhöhung**: Durch den Eintrag eines Lieferwertes bzw. des besonderen Interesses an der Lieferung.

Lösung zur 9. Aufgabe – Haftung nach CMR

a) Die Beschädigung der Gehäuse stellt einen **Güterschaden** dar, die an die BELLALUX S.L. zu zahlende Vertragsstrafe einen **Vermögensschaden** (in Form einer Lieferfristüberschreitung).

b) Die AIXTRANS kann sich nicht von der Haftung freizeichnen. Dies wäre nur möglich, wenn ein sog. „unabwendbares Ereignis“ vorläge, das selbst mit wirtschaftlich zumutbaren Mitteln nicht mehr hätte vermieden werden können. Die Voraussetzungen sind nicht gegeben, da die Fahrweise des Fahrers kein unabwendbares Ereignis darstellt und insofern hätte vermieden werden können. Die AIXTRANS haftet als Frachtführer im Rahmen der Gefährdungshaftung, d. h., sie haftet grundsätzlich für alle Gefahren, denen das Gut in der Zeit von der Übernahme bis zur Ablieferung ausgesetzt ist (Obhutshaftung).

c) Der Frachtführer haftet gemäß Artikel 23 CMR für Güterschäden mit max. 8,33 SZR je kg Rohgewicht:

1 866 kg x 8,33 SZR/kg = 15.543,78 SZR
15.543,78 SZR x 1,20 € = 18.652,54 €

Die Haftung für Schäden aus Lieferfristüberschreitung ist gem. Art. 23 CMR begrenzt auf die Höhe der Fracht. Da aber keine Lieferfrist vereinbart wurde (der 24-Std.-Lauf wurde lediglich angefragt), beschränkt sich die Ersatzleistung hier auf den Güterschaden. Güterfolgeschäden werden nicht ersetzt.

d) In Feld 19 des CMR-Frachtbriefes „Besondere Vereinbarungen“ kann gemäß Artikel 24 CMR ein **Lieferwert** bzw. gemäß Artikel 26 CMR ein **besonderes Interesse an der Lieferung** deklariert werden. Durch die Eintragung eines Lieferwertes (Werterhöhung für Güterschadensfälle) bzw. eines Lieferinteresses (vorwiegend für Verspätungsschäden) sind die unter c) erwähnten Haftungsbeschränkungen aufgehoben. Die Schäden werden dann im Haftungsfall bis zur Höhe der versicherten Wertdeklaration ersetzt.

Lösung zur 10. Aufgabe – Grenzüberschreitender Güterkraftverkehr (Gefahrgut)

a) Geeignet ist ein Gliederzug mit 2 x 7,45 m Aufbauten.

Die insgesamt 96 (gleich messende und gleich wiegende) Fässer umfassende Sendung entspricht bei einem Durchmesser von 0,6 m je Fass insgesamt 14,4 LDM.

0,6 m x 0,6 m = 0,36 m^2

Für die Berechnung der Lademeter wird folgende Formel verwendet:

(Länge x Breite der Ware in m) : 2,4 = LDM

0,36 m^2 : 2,4 m = 0,15 LDM/Fass

0,15 LDM/Fass x 96 Fässer = 14,4 LDM

Denkbar wäre die Verladung von je 48 Fässern auf den Motorwagen und den Anhänger.

b) Da je Lademeter mindestens 1 500 kg zu berechnen sind, ist zu prüfen, ob das tatsächliche Gewicht über diesem Frachtberechnungsmindestgewicht liegt:

96 Fässer x 188 kg/Fass = 18 048 kg (tatsächliches Gewicht)

14,4 LDM x 1 500 kg/LDM = 21 600 kg (Frachtberechnungsmindestgewicht)

Zur Abrechnung kommen demnach 21 600 kg (216 x 100 kg).

216 x 5,15 €/100 kg = 1.112,40 € Nettofracht ohne Zu-/Abschläge

c) Die COLORLACK AG hat als Absender dem Beförderer die erforderlichen Angaben und Informationen sowie die erforderlichen Unterlagen zu liefern. Der Beförderer muss dem Fahrzeugführer die Schriftlichen Weisungen (ugs. Unfallmerkblatt) aushändigen. Diese müssen in einer Sprache abgefasst sein, die der Fahrer lesen und verstehen kann. Das stoffbezogene Unfallmerkblatt muss Angaben zur Ladung, zu den Eigenschaften des Gutes, zu der Art der Gefahr, zur persönlichen Schutzausrüstung, zu den vom Fahrzeugführer zu treffenden allgemeinen, zusätzlichen und besonderen Maßnahmen enthalten. Benannt werden müssen insbesondere:

- UN-Nummer
- Stoffbezeichnung
- Gefahrgutklasse gemäß ADR-Klassifizierung
- Verpackungsgruppe

Der dieser Sendung beizugebende CMR-Frachtbrief muss die Angaben zum Gefahrgut (UN-Nr., offizielle Benennung des Stoffes, Nr. der Gefahrzettelmuster, Verpackungsgruppe) enthalten.

d) Aufgrund der Be- und Entladeorte (Karlsruhe bzw. Livorno) ist ein Transport über die Schweiz (EFTA-Staat) wahrscheinlich. Hierbei kommt das interne Unionsversandverfahren zur Anwendung, welches mit dem Versandschein T2 abzuwickeln ist.

Lösung zur 11. Aufgabe – Lizenzen und Genehmigungen

a) Die für die einzelnen Transporte zutreffenden Transitstaaten sind:

Transport-Nr.	Transitstaat(en)
1	–
2	Schweiz
3	Schweden, Finnland
4	Polen
5	Litauen
6	–

b) Die für die einzelnen Transporte zutreffenden Staaten der Versender- und Empfängeradressen sowie deren Hauptstädte sind:

Transport-Nr.	Staat des Beladeortes und seine Hauptstadt	Staat des Entladeortes und seine Hauptstadt
1	Deutschland, Berlin	Deutschland, Berlin
2	Deutschland, Berlin	Italien, Rom
3	Deutschland, Berlin	Russland, Moskau
4	Belarus, Minsk	Deutschland, Berlin
5	Deutschland, Berlin	Lettland, Riga
6	Spanien, Madrid	Marokko, Rabat

c) Die bei den jeweiligen Transporten befahrenen EU-Staaten sind:

Transport-Nr.	Befahrene(r) EU-Staat(en)
1	Deutschland
2	Deutschland, Italien
3	Deutschland, Schweden, Finnland
4	Polen, Deutschland
5	Deutschland, Litauen, Lettland
6	Spanien

Lösung zur 11. Aufgabe – Lizenzen und Genehmigungen

d) Erforderliche Lizenzen bzw. Genehmigungen für die einzelnen Transporte:

Transport-Nr.	Lizenz bzw. Genehmigung
1	Erlaubnis
2	EU-Lizenz
3	EU-Lizenz und bilaterale Transportgenehmigung (für Russland) oder CEMT-Genehmigung
4	Drittstaatengenehmigung (für Polen und Deutschland) oder CEMT-Genehmigung
5	EU-Lizenz
6	EU-Lizenz und bilaterale Transportgenehmigung (für Marokko)

e) Unterschiede zwischen EU-Lizenz und CEMT-Genehmigung:

Unterscheidungsmerkmal	EU-Lizenz	CEMT-Genehmigung
Geltungsbereich	Grenzüberschreitender Verkehr zwischen EU-Staaten und Island, Norwegen, Liechtenstein, Schweiz, Großbritannien	Grenzüberschreitender Verkehr zwischen den CEMT-Staaten
Ausstellende Behörde	Erlaubnisbehörde	BALM (Bundesamt für Logistik und Mobilität)
Geltungsdauer	10 Jahre	1 Kalenderjahr (Kurzzeitgenehmigungen für 30 Tage möglich)
Wiedererteilung	Wenn die Voraussetzungen weiterhin gegeben sind, wieder für 10 Jahre.	Genehmigung muss ausgelastet sein. Die Genehmigungen sind kontingentiert.
Kabotagerecht	erlaubt	nicht erlaubt

Lösung zur 11. Aufgabe – Lizenzen und Genehmigungen

Erläuterungen:

CEMT = Conférence Européenne des Ministres des Transports; Europäische Konferenz der Verkehrsminister; auch ECMT = European Conference of Ministers of Transport

Kabotage = Binnenbeförderung im Ausland

Hinweis zur CEMT-Genehmigung:

CEMT-Genehmigungen berechtigen grundsätzlich zur Durchführung von Beförderungen im gewerblichen Straßengüterverkehr, bei denen Be- und Entladeort in zwei verschiedenen CEMT-Mitgliedstaaten (CEMT – Conférence Européenne des Ministres des Transports – Europäischen Konferenz der Verkehrsminister, www.cemt.org) liegen.

Sie **berechtigen nicht zu Binnenverkehr** in einem CEMT-Mitgliedstaat und auch **nicht zu Beförderungen zwischen einem Mitgliedstaat der CEMT und einem Nicht-Mitgliedstaat.** Da bei Beförderungen zwischen EWR-Staaten (alle EU-Staaten und Norwegen, Liechtenstein, Island) untereinander und zwischen EU-Staaten und der Schweiz die Gemeinschaftslizenz einzusetzen ist, hat die CEMT-Genehmigung insbesondere bei Beförderungen zwischen EWR-Staaten oder der Schweiz und einem sogenannten Drittstaat (ein Staat der weder EWR-Staat noch die Schweiz ist) oder zwischen Drittstaaten untereinander eine Bedeutung. Dies jedoch nur, wenn die Drittstaaten Mitglied der CEMT sind.

CEMT-Genehmigungen gibt es als Jahres- und Kurzzeitgenehmigungen und für den Umzugsverkehr als CEMT-Umzugsgenehmigung. CEMT-Jahresgenehmigungen werden in Deutschland in der Regel nur noch erteilt, wenn Fahrzeuge, die mindestens dem „EURO IV sicher" Standard der CEMT entsprechen, eingesetzt werden. Antragsberechtigt sind Unternehmen, die Ihren Hauptsitz in Deutschland haben.

Die meisten Beförderungen in Drittländer (insbesondere, wenn diese in Deutschland beginnen oder enden) können auch mit **bilateralen Genehmigungen** durchgeführt werden (Ausgabestellen: Bundesamt für Güterverkehr, Genehmigungsausgabe Berlin für nordost- und osteuropäische Staaten und die Regierung der Oberpfalz in Regensburg für südosteuropäische Staaten).

Für Beförderungen, die nicht mit bilateralen Genehmigungen durchgeführt werden können, ist es möglich, **CEMT-Kurzzeitgenehmigungen** beim Bundesamt für Güterverkehr, Genehmigungsausgabe Berlin mit zu beantragen.

Diese Genehmigungen sind grundsätzlich für Beförderungen zwischen zwei CEMT-Mitgliedstaaten bestimmt, für die keine sonstigen Genehmigungskontingente zwischen Deutschland und den anderen Staaten vereinbart wurden; insbesondere für Transporte im Dreiländerverkehr ohne Durchfahren Deutschlands. Dies ist im Antrag glaubhaft darzulegen und möglichst durch Unterlagen zu belegen.

CEMT-Jahresgenehmigungen werden grundsätzlich nur in einem öffentlichen Ausschreibungsverfahren für das kommende Jahr vergeben. Antragsformulare sind im September des Vorjahres bei der für den Antragsteller zuständigen Außenstelle des Bundesamtes für Güterverkehr zu beantragen und dann bis spätestens 1. Oktober des Vorjahres ausgefüllt und vollständig dort vorzulegen.

Nur in ausführlich begründeten Sonderfällen können im Rahmen eines ggf noch vorhandenen Kontingents auch im laufenden Jahr CEMT-Jahresgenehmigungen ausgegeben werden. Diese sind schriftlich beim Bundesamt für Güterverkehr, Genehmigungsausgabe Berlin mit den folgenden Unterlagen zu beantragen: Kopie der Gemeinschaftslizenz/Erlaubnis, Kopie der Gewerbean- oder ummeldung, Kopie des Handelsregisterauszuges (ggf. auch die der beteiligten Unternehmen) und der ausführlichen Begründung, die möglichst durch Unterlagen zu belegen ist.

Quelle: © Bundesamt für Logistik und Mobilität

Lösung zur 12. Aufgabe – Alpentransit

a) Nachbarländer der Schweiz (im Norden beginnend im Uhrzeigersinn):

- Deutschland
- Österreich
- Liechtenstein
- Italien
- Frankreich

Nachbarländer von Österreich (im Norden beginnend im Uhrzeigersinn):

- Deutschland
- Tschechien
- Slowakei
- Ungarn
- Slowenien
- Italien
- Schweiz
- Liechtenstein

b)

ba) Pässe und Tunnel in der Schweiz:

- Nr. 2 Großer St. Bernhard
- Nr. 3 Lötschberg Goppenstein
- Nr. 4 Gotthard
- Nr. 5 San Bernadino

bb) Nr. 13 – Karawanken

bc) Konstanz (Bodensee) nach Meran:

- Nr. 6 Arlberg
- Nr. 7 Reschenpass